上岸

安柏 著

中信出版集团 | 北京

图书在版编目（CIP）数据

上岸 / 安柏著 . -- 北京：中信出版社，2020.10（2020.12重印）
ISBN 978-7-5217-2150-8

Ⅰ. ①上… Ⅱ. ①安… Ⅲ . ①中小学生—家庭教育
Ⅳ . ① G782

中国版本图书馆 CIP 数据核字（2020）第 158792 号

上岸

著　　者：安柏
出版发行：中信出版集团股份有限公司
（北京市朝阳区惠新东街甲 4 号富盛大厦 2 座　邮编　100029）
承 印 者：北京楠萍印刷有限公司

开　　本：787mm×1092mm　1/16　　印　　张：21.75　　字　　数：200 千字
版　　次：2020 年 10 月第 1 版　　印　　次：2020 年 12 月第 5 次印刷
书　　号：ISBN 978-7-5217-2150-8
定　　价：58.00 元

服务热线：400-600-8099
投稿邮箱：author@citicpub.com

目录 CONTENTS

第三章
养孩子就像开公司

现代社会就是一个不断外包的过程，外包也是一个分工专业化的过程，花钱让更专业的人做更专业的事，把自己解放出来，去做自己擅长的事，是一种更高效的资源利用和配置。
教育也是一种经济学，没有几个家庭能做到一掷千金不计回报，所以教育的性价比是非常重要的，有钱也要花在刀刃上。

第四章
择校择的到底是什么

教育需要全局意识，焦虑经常来自信息不对称，我们要经常提醒自己破除偏见，寻找关键拼图，争取看到更全面更客观的教育地图。

第五章
好学校喜欢什么样的孩子

在大多数名校面试官面前，一个从标准化流程里精心打磨出来的完美“产品”，可能还比不上一个有瑕疵的活生生的人。
他们更看重的，是孩子的内驱力和生命的激情，是具有领导力的潜能，在某个领域能引导别人和超越时代。

第六章
身心健康是我们的刚需

对学习兴趣不大、成绩也一直很一般的“普娃”，最好的策略，并非鞭策他和那些“牛娃”在一条跑道上竞争，而是“差异化生存”。

第七章
我是个海淀妈妈，我不需要铂金包

分数只是一种结果，父母无法直接管理结果，必须从过程管起，以更长期主义的眼光看待孩子的学习和成绩。

第八章
上岸后回头望，什么才是起跑线？

一个人要成功幸福，的确需要背景、环境和运气的成分，但是唯有努力，才是自己可以把握和左右的。拥有更多教育和人生的选择权，我们和孩子才能真正做到淡定从容。

第九章
面向未来的教育：我们还需要补齐哪块拼图

升学、高考、留学只是某个特定阶段孩子内在积累的外在展示，一个人生命中的真实积累不会因为这些事件顺利与否而发生改变。即使碰到一些暂时的困难，如果孩子持续努力，不断精进，那么最终还是会获得和自己实力相配的人生。

寻找关键拼图：关于教育我们没看到的那部分

2020年，对于大家来说很不容易，对于家长来说更不容易。

第一是疫情，2020年我们经历了史上最长的一个寒假，一直在家在线上学习。到6月1日北京学校才终于线下开学，然而，仅仅过了12天，孩子又回家上网课了。家长戏称，过完寒假直接过暑假，孩子打小的梦想，没想到以这种方式实现了。

疫情给学校开学按下一个暂停键，我们的整个教育，也变成了一个大实验场，所有的老师、孩子、家长，不管有没有准备好，都投入到这个实验——全民网课中。

从来没有这样一个年份，给了孩子充分的自由，也给了他们足够的考验。

我身边的家庭，有本来孩子中考能上六小强高中部的，或者当地排名前三重点中学的，因为在家学习无人监督，中考成绩滑坡，只上了普通的高中。

也有孩子，原先成绩处于中流，因为足够自律，开学后反而逆袭成为班上前几名。

在网课面前，学校作为一个物理场所的意义无限削弱。不平等的，不再是学习资源和学习途径，“不平等”的，变成了家庭教育，也是孩子的自主学习精神和自我管理能力。那么，我们做家长最应该做些什么、如何教育孩子获得这些能力？

在这个特殊的年份，这是我们应该认真思考的第一个问题。

2020年，第二个特殊之处是，摇号成为升学的关键词——不管在北京，还是上海、杭州，幼升小和小升初阶段民办摇号、公民同招，对报名人数超过招生计划的，实行电脑随机录取。同时，严禁以成绩、证书等作为入学依据。

这延缓了部分家长的焦虑，升学之战也推迟到中考和高考。同时也加剧了部分家长的焦虑，因为他们本来让孩子多学、早学，可以通过选拔上一个好学校，而在摇号面前，以前的辛苦投入都似乎打了水漂，游戏规则改成了撞大运。

当幼升小、小升初阶段，摇号取代了选拔，拼努力不如凭手气，那么，家长又该如何教育孩子呢？

这是让家长困惑的第二个问题。

我先说说这本书里第一男主角花生的现状吧。

作为班上的体育委员，在疫情居家期间，花生没有放弃锻炼，不仅跟着学校的录播课按时上体育课，还用“keep”应用软件天天健身，同时还组织和督促同学打卡运动。

网课期间，花生也比较自律，学业成绩不错。在2020年这个多事的春夏学期结束前，他被同时评为校三好学生和优秀学生干部，他所在的班级还获得了北京市先进班集体的荣誉。

至于第二男主角、花生的表弟小布丁，网课期间他的小学致力于开发和精研自己的教材和课程，老师非常认真，每天要求孩子背诵古诗、做数学题，大量课外阅读，积极和家长沟通，让家长帮着录视频打卡、拍照片提交作业，以确保孩子的各方面学习得以落实。为了解每个孩子的情况和家长的想法，班主任还上门家访。

等到线下开学，小布丁和他的同学们，非但没有因为网课影响了学习效果，反而取得了更大的进步。

在六小强上了两年学，我问花生："你在学校最大的收获是什么？"

他的回答是："遇到优秀的同学，从他们身上学到很多。"

2020年让我们看清了什么是真正的优秀：

真正优秀的学校展现了管理上的卓越以及超强的责任心，真正优秀的孩子体现出了他们的自控力和内驱力。

而这一切的背后，离不开家庭教育的配合甚至主导，家长平时就需要重视孩子品格的培养和素质的养成，在严格要求孩子的同时也要讲究科学沟通和心理疏导。

即使幼升小、小升初可以不用选拔，但是中考和高考不会摇号，未来孩子到社会上仍然要凭实力说话。摇号只能影响孩子去哪个学校，孩子对学习的付出却不能因此减少，家长对优质教育的追求也不会止步。一个人的知识和实力积累，也不会因为政策的改变而受到损失。

上岸，曾经是一个升学术语，代表冲刺牛校成功。两年前，我儿子花生的小升初，我妹妹儿子小布丁的幼升小，经历了种种波折，就像一次艰苦的航海之旅。而当我们从波涛汹涌的海面登陆到坚实的大地上，上岸后回头望，很多事变得前所未有地清晰。

此时，"上岸"这个结果已经不是最关键的，更重要的是，在亲身践行中，我们在教育认知上的提升，以及逐渐形成的科学养育方法。我们的心态，也从焦虑迷惘成长为坚定从容。

经历过这一切，我发现，对于各类学校、对于别人家孩子和其他国家教育，其实家长大多只看到了自己想看的一部分，没看到的部分才是关键拼图。

焦虑经常来自认知死角和思维误区，探讨教育需要全局意识和长期主义。意识到这点，我记录下我和妹妹带着孩子走过的小升初和幼升小，有感悟、有心得、有经验，也有教训……作为一个过来人，愿我能带你看到一些关键拼图——包括教育真相、理念和方法，从而能够更明白地规划孩子的教育之路。

在幼升小、小升初公民同招、民办摇号的趋势下，将来，孩子和孩子的差距，不再是民办校和公立校的差距，也不是学校和学校的差距，而主要是家庭和家庭的差距。

即使择校变得更加不确定，我们也不能放松对孩子的教育，因为，教育不只发生在学校，更是发生在家庭，还发生在生活中，时时，处处。

我们也不要被别人家的“牛娃”打乱阵脚，而是从中借鉴并选择适合自己的方法。

父母之爱子，必为之计深远。每个孩子都有自己的潜能，作为家长我们能做的是：科学养育，让孩子焕发生命力，增加未来的选择权，活得更从容、更幸福。

这个时代缺的不是资源，而是主动获取资源的能力，这个时代缺的也不是机遇，而是迎机遇而上的素质。

或许，这是不容易的 2020 年，给我们的最大启示。

安柏

2020 年 9 月 1 日

>>>

第一章

别人家孩子，看上去很美

· · ·

不要把应试教育和素质教育对立起来，应试教育是素质教育的一部分，也是素质教育的入场券。

在疯狂的海淀黄庄上学，是一种什么样的感觉

海淀黄庄不仅仅信仰清北

在北京，海淀黄庄是地铁换乘大站，在这里，全世界最长的地铁10号线，遇上了全北京最拥挤的4号线。

海淀黄庄的晚高峰总是来得更早一点儿。

下午4点，离穿着格子衬衫背着双肩包的中关村程序员下班还有5小时。如果把地铁黄庄站作为中心点，画一个半径为3公里的圆圈，他们中不少人从18岁开始就在这个圆圈里了，因为他们毕业于北京理工大学、北京航空航天大学、中国人民大学、北京交通大学……当然，也有清华大学和北京大学。

造成晚高峰的，是一些穿着红白、蓝白、绿白相间校服的中学生，他们拖着至少10斤重的拉杆包，男生有一半背着球包，女生一半背着乐器、画夹，手里捧着奶茶，三三两两走出校门，议论着今天的几何测试太难了有两道题都是拿量角器量出的答案，班上是不是谁谁要出国了上了两个月托福班这次听力考试比我都好，谁谁和谁谁谁好像吵架了倒和其他班的那个谁谁走得很近，你玩的那款游戏我也开始玩昨天我还发现一个隐藏技巧……

各种校服中，最引人注目的是红白色的那种，胸前和背后都印着4个字——人大附中。高考放榜，他们学校又有100多人被清华北大录取，比云南、海南、青海等一个省上清北的学生都多。

在其他城市家长抱怨全国教育资源极度不均衡的同时，北京家长也在吐槽教育资源极度不均衡。北大在北京开招生咨询会，一个朝阳区重点中学的家长问招生老师："我孩子全年级前十有没有希望上你们学校？"

北大老师摇了摇头回答："坦率说希望不大。"

边上另一个家长接着发问："哎呀，那我女儿在人大附中，全年级150名上下，上你们学校是不是没戏呀？"

北大老师却眼睛一亮："150名？不错啊，你赶紧把资料给我看看。"

这不是段子，第二个家长是我舅妈。

面对海淀家长的鸡血，朝阳家长改编了金庸武侠小说的名句来宽慰自己："他强任他强，我们在朝阳。"一边给自己做心理疏导，一边调整了自己的目标，他们也和不少北京顺义家长、上海家长一样，理性地避开了清华、北大，同时也避开了高考，给孩子规划出国读大学，目标直指美国Top50、英国G5、澳大利亚和加拿大的一些名校——毕竟清北比美国Top30还难考，人大附中的录取率比哈佛大学、耶鲁大学、普林斯顿大学的都低。

只是，一些家长没看到的是，在近些年的出国留学热潮里，人大附中的国际班也碾轧了朝阳区和顺义区绝大多数国际学校，2019年，仅美国的Top30大学，就有60%的人大附中学生被录取。

海淀黄庄，不仅仅信仰清华、北大。

海淀黄庄不相信学区房

我没有海淀的学区房，甚至连海淀的非学区房也没有。

早些年我在亦庄上班时，有一个同事，也没有学区房，住在离亦庄还不算太远的东三环。

他是怎么做的呢?

他费了很大劲儿让孩子进了北大幼儿园，据说还能托关系上北大附小，于是他们就全家搬走，在北大边上租了一个老破小，租金死贵死贵——西北四环外 80 平方米的老破小，租金和他们东三环 150 平方米新大三居差不多，还很抢手!

从此，同事每天上下班开车来回近 100 公里，耗时 3 小时。我们公司还总加班，经常是，晚上他到家，孩子已经睡了，早上他出门，孩子还没起床。

我没像他那么做，作为一个妈妈，不可能每天 100 公里往返，把孩子扔给保姆，回到家只能看到熟睡的孩子。

我既需要这份工作和薪水，又需要照顾家庭和孩子。

其实很多妈妈都是这样，面对高攀不起的房价和房租，万般辛苦地兼顾工作和家庭。

北京很大，好一点儿的学校大多在西北部的海淀，或者市中心的西城区、东城区，好一点儿的外企、国企却都在东面的朝阳区，甚至在开发区。

北京很难，女人经常是顾了工作就没法陪孩子，要陪孩子就没法顾工作。想两者兼顾?那就得牺牲事业发展，或者像我这样，把家搬到离单位近的地方，然后让孩子在家门口上个普通一点的幼儿园。

有多少父母，每天都要穿越大半个北京城上班?又有多少妈妈，为了好一点的教育资源，放弃了工作在家全职带孩子?

同事为什么不在海淀区买房，而是租房？

我为什么没在海淀区买房或租房？

虽然有经济上、工作上、便利性、舒适度等各方面的考虑，但最根本的原因是：海淀区不相信学区房。

到底什么是六小强？

海淀最好的小学像中关村三小、中关村一小、中关村二小，的确是有学区房的，但是，即使家长愿意购入每平方米10万元上下的小学学区房，也不能确保孩子最后能上什么样的中学。

- 自2019年1月1日起，在海淀区新登记并取得房屋不动产权证书的住房不再对应固定的一所小学，实施多校划片，这意味着上哪所小学也不确定了；另，西城区2020年7月31日以后的新购房，也实施多校划片和六年一学位入学。2020年7月31日前在西城区购房并取得房屋产权证书的家庭还是采用老方法对应划片学校入学。

海淀最牛的六所公立中学，人们称之为海淀六小强，除了一开头说的人大附中，还有北京大学附属中学、清华附中、101中学、十一学校和首师大附中，六所中学承包了海淀区90%以上的高分段和清北录取名额。

2016—2019 年北大、清华在京录取人数变化

行政区	2019 年	2019 年比例	2018 年	2017 年	2016 年
海淀区	366 人	54.50%	392 人	344 人	402 人
西城区	179 人	26.70%	195 人	220 人	219 人
东城区	54 人	8%	31 人	52 人	21 人
丰台区	27 人	4%	15 人	11 人	4 人
朝阳区	22 人	3.30%	29 人	10 人	12 人
顺义区	8 人	1.20%	6 人	8 人	4 人
大兴区	3 人	0.40%	1 人	1 人	1 人
石景山区	2 人	0.30%	1 人	1 人	1 人
昌平区	1 人	0.10%	5 人	3 人	0 人
其他区	9 人	1.30%	8 人	7 人	6 人
总计	671 人		683 人	657 人	670 人

海淀区六小强 2019 年高考佳绩

分数段	六小强（人）	海淀区（人）	北京市（人）	六小强 / 海淀区	海淀区 / 北京市
文史类					
≥680	9	10	14	90.00%	71.43%
≥670	28	29	45	96.55%	64.44%
理工类					
≥700	17	17	24	100.00%	70.83%
≥680	182	192	302	94.79%	63.58%
≥670	369	405	718	91.11%	56.41%

资料来源：北京教育考试院，北京市海淀区教育招生和考试中心，光大证券研究所

从以上资料可以看出，海淀区承包了全北京 50% 以上的清北录取名额，而六小强又承包了海淀区 90% 以上的清北录取名额。

要进入六小强高中部，一个大大提升成功率的方法是：在小升初时考入海淀六小强本校或其民办学校和承办校，也就是六小强集团校

的初中部。

但是六小强的小升初都不参加划片，唯一例外是十一学校的三三制班，每个学校一般只拿出 40~80 个名额给登记入学（也就是第一次派位，也叫小派位），而且并不划分学区，面向整个海淀区。

对于每年约 2 万名海淀小升初学生，登记入学进入六小强的概率，比彩票中奖 500 万元的概率高一点，比每年北京车牌摇号中签的概率低一点。

- 三三制班指的是初中三年、高中三年的学制，以和十一学校的初中二年、高中四年的学制——二四制相区分。三三制班仍要参加中考统招，二四制班可以免中考直升本校。
- 在教育新政下，从 2020 年起，六小强学校取消了公立寄宿名额，登记入学名额也有所增加，六所学校登记入学总数从 2019 年的 340 人增加到 540 人，按当年海淀升学人数，中签率仍然很低。

海淀区虽然可以说是中国教育的“青藏高原”，但是青藏高原上既有喜马拉雅山脉，也有柴达木盆地，海淀区中学既有六小强这样的名校，也有普通的中学。

有人说，海淀六小强不就是会应试嘛，不就是衡水中学的升级版嘛！

想进入六小强学霸圈，学科全 A 甚至全 A+ 仅仅是入场券，哪个学生没点绝活特长傍身？比如说世界机器人大赛一等奖、日内瓦国际发明博览会金奖、亚洲物理奥林匹克竞赛金牌、全国体校杯足球赛总冠军，还有各种音乐类获奖和绘画类获奖……

六小强的学生不仅应试过硬，学校还狠抓人文素质教育：经常请

2017 年海淀区中考排名前 10 学校

排名	学校	平均分数	备注
1	人大附中分校	510.21	六小强人大附民办校
2	清华附中	503.72	六小强
3	人大附中	501.72	六小强
4	北大附中	499.08	六小强
5	首师大附中	496.61	六小强
6	北达资源	492.89	六小强北大附民办校
7	建华实验	492.81	民办校
8	101 中学	491.74	六小强
9	清华附实验	491.19	六小强清华附民办校
10	师达中学	487.28	六小强首师附民办校

数据来源：中考网北京站

（2017 年海淀区中考排名，六小强和它们的民办学校占据了前 10 名中的 9 个位置，唯一不是六小强集团校的建华实验也与十一学校有密切合作。）

百家讲坛和北大清华的教授面对面做讲座，请来中科院院士给学生的实验室项目做辅导答疑，把广西和秦岭自然保护区当成野外课堂科研基地，学生交响乐团的指挥是中央音乐学院系主任，就连学校篮球队都能请到姚明或马布里做指导……

怎样才能进入六小强？

按每年北京小升初人数来看，能进入北京市重点中学的孩子，就已经进入前 5% 的人群（按北京市教委发布的 2019 和 2020 年小升初人数约为 14 万人为基数估计）。

六小强作为海淀区的市重点，录取率 5% 都不到。为什么？

按北京市规定，只要是集团校教职工的子女，一般是可以直接升学的。如果教职工二代超出招生规模，也会在内部进行小规模考试选拔，决定哪些孩子去六小强本部，哪些孩子去分部或集团校。

而六小强里包括清华附中、北大附中、人大附中这样的大学附属中学，教职工数目比较庞大，二代直升的学生很多，留给外面孩子的名额是很少的。这造成了分子很小。

至于一些特批的项目，比如人大附中早培班，还有十一学校的综合优异（也叫海选），并不是锁区的，是面向全北京市（还包括一部分非京籍）招生，海淀区以外的孩子也能报名。所以不能光看这个分子，分母变大了，也导致了录取率的降低。

❶ 人大附中早培班，是指本应上小学六年级的孩子，被人大附中提前招进中学，进行“拔尖创新人才早期培养项目”实验。除了招收五年级学生，也招少数四年级学生和极少数更低年级学生。用3~4年时间完成六年级和初中阶段课程以及早培班特设课程，其间允许学生跳级或降级，弹性学制。

2020年之前，去考六小强，都要看孩子的简历和证书，并且还要通过考试，不管你住在哪个区（其中一部分名额是向全北京开放的）。

海淀家长的鸡血，一半出于压力，另一半出于不甘心。在小升初这个阶段，让孩子参加最终派位，而不是提前“上岸”优质校，对于有追求的海淀家长，意味着两个字——“输了”。

海淀没有学区房，家长和孩子才格外努力，因为，努力有可能上高地，不努力只可能掉盆地。

我不住在海淀黄庄，也不在海淀黄庄上班，却熟悉海淀黄庄这里的每一条街道、每一个餐厅、每一个书店。

我频繁地踏足海淀黄庄，始于我儿子花生的小升初，和很多海淀妈妈一样，我的梦想是让孩子进入海淀六小强。

奥数是小升初绕不开的，简历里的全优、大队长、三好生和PET全加起来，也比不上一张奥数一等奖证书硬气。为此，我们上了两年奥数班，从海淀黄庄外围的北京航空航天大学和五道口一直辗转到黄庄的核心——中关村。当然也补习语文和英语——因为小升初考试都要考。

- 剑桥英语证书考试中的级别分别为：
  第一级，入门水平：英语入门考试（Key English Test，缩略为KET）；
  第二级，初级水平：初级英语考试（Preliminary English Test，缩略为PET）；
  第三级，独立水平：第一英语证书考试（First Certificate in English，缩略为FCE）；
  第四级，流利运用：高级英语证书考试（Certificate in Advanced English，缩略为CAE）；
  第五级，熟练运用：熟练英语证书考试（Certificate of Proficiency in English，缩略为CPE）。

不管黄庄之内，还是黄庄之外，只要一提孩子教育，一提幼升小、小升初，很多家长就会陷入焦虑，我也不例外。

混了一段时间黄庄，我自认为对这里很了解。如今回头望去才发现，当时自己，对黄庄，就像对孩子教育一样，存在着不少误解和偏见。而在小升初的苦战中，我才渐渐找到那些缺失的拼图，还原出黄庄的一个真实全景。

而在当时那个阶段，我只是一边间歇焦虑，一边满心憧憬——

如果花生能考上六小强该多好啊，那样我就可以问问他本人：在疯狂的黄庄上学，到底是一种什么样的感觉？

◇ 一点思考

海淀区虽然算得上中国教育的“青藏高原”，但是青藏高原上既有喜马拉雅山脉，也有柴达木盆地，海淀区中学既有六小强，也有很普通的学校。

海淀六小强不仅仅信仰清北，也在国外名校申请中占尽优势。

海淀不相信学区房，因为六小强没有学区房，只能凭实力。

海淀没有学区房，家长和孩子才格外努力，因为，努力有可能上高地，不努力只可能掉盆地。

我家孩子素质教育的短板，就剩学习了

“我有一个快乐的童年！”

我以前是个佛系的妈妈，只想着让孩子快乐成长。

我身边有很多焦虑的父母，包括我在杭州的妹妹——小布丁的妈妈。

我认为，引发焦虑的，是一个人欲望和行动之间的差距。如果一个人想让自己不那么焦虑，那么一定有两种方法：

一个是降低欲望——也就是心态佛系。

一个是提升行动力——也就是行动鸡血。

我这个人没有强烈的欲望和追求，信奉老庄哲学里的顺势而为。

另一方面，比较幸运的是，我还算是一个比较有行动力的人，想到就会马上去做。

所以，我的亲人和好友，对我的评价是：你好像不太会焦虑嘛。

对别人，我也没什么高要求，包括对自己家人。

我也不曾给花生制定什么目标，非得上什么样的中学，非得上什么样的大学。

我没有海淀区的住房，只是把花生的户口放到了花生爷爷那里，这样花生就有了一个海淀学籍，还歪打正着地就近上了一个区重点小学。

只是，这所小学排不进海淀一流，办学思路是注重素质教育。

我也是很认同素质教育的：

作业非常少，回到家最多一个小时就完成了。校内设有各种俱乐部，每天放学后学生都有活动，花生参加过足球、航模、小主播和乐高等活动俱乐部。后来花生加入了篮球校队，一周三次训练，我们就连课外的篮球班都取消了。

到了寒暑假，学校布置的作业大多是去参观博物馆啊、课外阅读啊、看英语电影啊、探究型研究啊……既轻松又有趣。我最多就给花生课外补充点数学和英语作业，其余大把时间，可以用来一起阅读、一起运动、出门旅行。

各种各样的玩——就是没练特长，看各种各样的书——就是没看辅导书。成绩不公布排名，也没有激烈的竞争。

老师对花生也很关爱，班主任一直没换过，是一个特别有爱心、懂教育的老师。她很欣赏花生，说他为人正直、性格阳光，而且知识面广。

我很感恩这所学校，因为到现在花生还总结说："我有一个快乐的童年！"

花生小学四年级前，除了每周有一个线下英语班——课上也是以玩为主，我也没给他报过课外学科班，只是按照他的兴趣报绘画班和篮球班。

千万不要高估自己的佛系

花生这种无忧无虑的状态，一直持续到小学四年级上学期。这时，周围的气氛发生了一些变化，连不太敏感的我，都越来越感受到一种紧张——

每位妈妈都忙忙碌碌，考级的考级，参加竞赛的参加竞赛，本来不报班的都报班了，本来报班的开始针对某个目标校补习，攒小班甚至一对一。

有几个热心的妈妈看到我还很淡定，也没什么动作，就来问我："你准备让孩子上什么学校？"

我说："就上我们本校的初中部就行啊。"

那些妈妈说："我们学校初中部不行啊。"

我说："我觉得挺好的，不是在海淀区能排在 20 名以内吗？"

她们看了我一眼，似乎有点儿同情我，接着好心提醒说："我们这个学校，也只有实验班，才能上重点高中吧。普通班都没戏。"

我好奇地问她们的目标是什么。

她们说："当然是六小强啦。"

我问："什么是六小强？"

她们好像看到了一个外星人一般，但还是热心地向我科普，六小强是哪几所学校，中考成绩有多好，师资有多好，体育有多好，社团有多好，平时有哪些高大上的活动……

自认为淡定的我，竟然有几分动心——既然有这么好的学校，为啥不去试试呢？再说，花生的成绩虽然不是顶尖，但和这几位妈妈的孩子比起来，似乎也不差呀。

不要高估自己的佛系，有时，佛系只是因为自己没有受到足够的诱惑。

但那时，我还是没焦虑，不是还有两年吗？马上行动起来不就行了？

我花了不少时间进行研究和选择，从四年级下学期开始，给花生配齐各种班，奥数、语文、英语，还在家上英语网课。同时，我也帮他纠错，教他学习方法，塑造更好的学习习惯。

那我是什么时候开始焦虑的呢？

我们家是很民主的，报班这种大事，我都会提前和花生商量。

奇怪的是，听到报班，花生很爽快就同意了。

我和他开玩笑说："你怎么也不反对呢？"

他说："因为我们同学都有课外班啊，就我最少，还挺奇怪的，而且，我不是马上要小升初吗？"

我有点儿吃惊，不知不觉，花生好像长大了，我就又顺便问了他一句："你知道什么是六小强吗？"

他立刻回答："我当然知道了。"

我更吃惊了，就问他怎么知道的。

"阿洋告诉我，他要去考人大附中的足球班，他说六小强是海淀最好的六所中学，人大附中又是六小强中最好的。还有阿迪，他说他也要上人大附中。"

我问："那你是怎么想的呢？"

"人大附中这么好，我当然想上了，而且我也想和我的好朋友在一起上中学……但是，我足球不如阿洋，成绩又不如阿迪，可能没啥希望吧……要不还是读我们初中部算了。"

听完，我开始焦虑了……

家长是可以佛系，但要是孩子们都不佛系呢？他们的互相比较，直白而残酷；他们的自尊心，高傲而脆弱。

怎么办呢？我觉得应该给花生鼓鼓劲儿，就说："我们一起努力一把，把六小强定为梦想目标，把本校初中部当成保底目标。"

性格好不好能考出来吗？

这时候，我研究了六小强的各个考试，才发现，应试教育是绕不过去的。

先不说那些牛校都是怎么招生的，就是考试都不是你想考就能考。

一些学校自己有坑班，需要至少提前一年“入坑”。入坑也需要选拔，因此，海淀区出现了针对某个学校“入坑”考试的辅导班。至于考试名额，不少掌握在培训机构手里，只给班上成绩优秀的孩子。

- 所谓“坑班”，指的是部分公立学校的培训机构自办或与社会培训机构合办的学科培训班，从中选拔优秀小学生升入该校初中。考入坑班叫“占坑”。从 2019 年开始，经过教育改革和辅导班整顿，很多学校的坑班都被取消了。辅导班推送这个途径也被堵上了，海淀小升初的选拔变得更加不确定，一个大趋势是根据政策取消择校改为摇号。

四年级第二个学期开始前，我去给花生报学而思的奥数班，居然报不上，只能去报另外一个培训机构，那里面的老师，很多是从学而思出来的，也握有六小强的一些名额。即便如此，要上辅导班也要经过考试，花生考得不算太好，但好歹进去了。

上四年级前，我经常带花生去蓝色港湾玩，那里有几个西餐厅特别火爆。一个周六的中午 12 点，我们去一家餐厅，需要等位，我问服务员拿号，她却对我说：“排队的号都取完了，现在是排队取排队的号，我给你写一个号吧。”

我发现，海淀的牛校就像这家餐厅，坑班就是餐厅座位的排队号，而我们却还要排队等排队的号，那就是培训机构的辅导班。这条路线就是：考进培训机构辅导班—获得坑班考试资格—考进坑班—考进牛校。

只是，牛校的坑班录取率常常不到 20%，即使好不容易考进了坑班，还要经过一轮轮考试的淘汰，最后真正能进入牛校的孩子也不超过 20%。那我们这些还在争取坑班考位的孩子，能有多大概率进入牛校呢？

这条路线的各个环节中，获得坑班考位稍微容易点儿，就算 50% 的概率吧，让我们来算算这道数学题：

> 拿到坑班考位概率 50%× 考进坑班概率 20%× 从坑班进牛校概率 20%=2%

也就是说，100 个孩子里只有 2 个能考进牛校，而且，这 100 个孩子也是自我筛选过一遍的，觉得没戏的家长首先放弃了这个想法。

家长可以大致估计一下，孩子有没有实力进六小强：如果是在海淀区的非重点小学读书，成绩要进入全年级的前 1%，如果在海淀区的重点小学读书，成绩大约要在年级前 5%。当然，如果学籍不在海淀区，这个难度就更大了。

花生就读的小学在海淀区重点小学的中间偏前的位置，他们学校这几年进入六小强本校的概率大约就在 5%。

说实在的，给花生准备小升初时，计算出这个比例后，我有些灰心，在和花生爷爷奶奶吃饭时，我也禁不住吐了苦水。

花生奶奶说："我们家花生这么优秀，性格好、素质高，肯定没问题的。"

我苦笑了一下，说："是呀是呀……只不过优秀不优秀不是我们说了算，要考试说了算，性格好不好，这也考不出来呀……"

简历平淡，就只能靠考试了

不过，花生奶奶这句话，让我思考起一个问题：如果学校突发奇想来考性格，那性格如何量化呢？其实，三好学生评选不就含有性格考核因素吗？

说到三好学生，这又是一个让我头疼的问题。

花生直到上了四年级，和女生之间关系好像有点儿紧张。其实不只是他，班上的男生和女生关系都有点儿紧张，如果不紧张、走得又稍微有点儿近，就很容易被同学们乱传八卦消息。

有一次，我无意中瞥见花生的微信通讯录，发现一堆叫同样名字的人：超级暴力女。

我问花生："这些人是谁呀？"

花生说："哦，就是我们班的几个女生。"

我问："那怎么都叫这个名字呢？"

花生回答："因为她们都有个共同特点，就是超！极！暴！力！总是一言不合就打人，所以我就把她们的名字改成同一个了。"

这时，我居然没去纠正他的看法，而是问了个技术问题："那么，都叫一个名字，你怎么区分她们呢？"

花生说："太简单了，凭头像啊。"

谈到这里，我也不确定花生性格好不好了，不能很好地处理和女生的关系，这也是个大问题啊。

关键是，这还直接关系到评选三好学生！

和我们小学时代不同，如今评三好学生，是要班上同学先内部提名，和女生关系紧张，意味着少了一半选票，结局可想而知——

花生从来没评上过三好学生。

我经常提醒他："要和女生搞好关系啊。"

花生却很坚定地说："三班就是一个'大八卦阵'，我要做的，就是远离八卦。"

唉，看来三好学生彻底不能指望了。

那指望他的其他方面呢，比如体育？

从5岁起，花生就展现出对体育的狂热，学习还经常需要我督促，只有体育锻炼从来不需要我督促，有时候甚至还要压制——因为，他经常为了锻炼，忘了吃饭和睡觉。

但是，这种对体育的爱好并没转化为特长，或许是缺少足够的专业训练，或许是缺少体育基因，他可以做到优秀，却很难做到脱颖而出。足球最多踢到班级前几名，篮球最多打到年级前几名。

而像人大附中的足球班，那是需要至少排行海淀区前几名成绩的。他的好友阿洋，足球踢到全校前几名，去考人大附中的足球班，最终还是落选了。

花生的素质教育不错，没有短板，但是也没有特别长的长板。而小升初，如果看素质，也是看长板，而不是有没有短板。

算了，现在去培养特长也来不及了，关键是花生也没有这个潜力，三好学生我也不奢求了，我们还是去搞学习吧。

毕竟，考试面前，人人平等。

毕竟，我家孩子素质教育的短板，就剩下学习了。

◇ 一点思考

引发焦虑的，是一个人欲望和行动之间的差距。如果一个人想让自己不那么焦虑，那么一定有两种方法：

一个是降低欲望——也就是心态佛系。

一个是提升行动力——也就是行动鸡血。

不要把应试教育和素质教育对立起来，应试教育是素质教育的一部分，也是素质教育的入场券。

千万不要高估自己的佛系，佛系是因为没有受到足够的诱惑。而且，家长可以佛系，孩子在同伴竞争中不可能佛系。

给 5 岁孩子报 6 个课外班，到底多了还是少了

当我的小升初遇上妹妹的幼升小

2018 年是一个关键年，是我家的升学年。

小布丁是我妹妹的儿子，我的外甥，花生小升初那年，小布丁刚好也要幼升小。

以前我总觉得我妹妹太焦虑，还经常劝她对布丁要求不要太高，学习进度不要太激进。但自从 2016 年，我和花生开始准备小升初，我说得就少了。

我妹妹的一些做法是值得我学习的，那就是她比我更有远见，知道未雨绸缪，早点儿准备，心中不愁。

还有一点非常重要，和花生比起来，小布丁也格外要强。

花生把六小强当成梦想，只是想和他的好朋友在一起，而小布丁想要进好学校，是因为他想超过他的朋友们。

小布丁是天蝎座，刚刚 5 岁就展示了什么都想压人一头的霸气。

每次到我们家，小布丁就说："你们家房子没我们大，你们家车子没我们好，你们家没开公司。"每次我妹妹都要骂他一顿，然后赶紧解释她平时绝对不是这么教育布丁的。

还有，小布丁很会编故事，有一天，我带花生和玉米去小布丁家里吃饭，小布丁指着窗户外大约一公里开外的一座地标高楼，很严肃地对我们说："我有一家大公司，就开在对面这座楼里，里面雇了很多人，我每年都能赚很多钱，比我爸爸和妈妈都赚得多。"

这种行为，在我妹妹嘴里变成了谎话连篇，但是我只是理解为，布丁想象力强、意愿强烈，积极地把将来的蓝图描述成今天的故事。

而花生的想象力就平和很多，最多也就是吃得好一点儿、多出去玩玩……有时和他说你这次考试成绩一般，他就总是拉个垫背的往下比：谁谁、谁谁谁这次比我考得还差呢！

而小布丁就不一样，很小就知道什么都要和最好的比，什么都要追求顶尖的。如果这次没得第一，他就会幻想出他考了第一。

这是一种阿尔法孩子的特性，也就是我们常说的学霸性格。

- 阿尔法，alpha，即 α，是希腊字母表的第一个字母，有第一个、开端、最初的意思，用在人身上，指什么都想拔尖的人。

这种性格是先天的，还是后天受了家长影响？我很难分辨出来。

我妹妹是天秤座的，本身也是追求完美的：生孩子时要住医院最豪华的套房，买儿童车要买 1 万多元皇室用的那种，买儿童床要买 2 万多元的。

对于吃穿用，不管是我自己还是孩子，我都坚持简单的原则，不过度追求，当然很可能也是因为我收入没有我妹妹高。花生小时候用的儿童产品都是国产的品牌，价钱都没超过 1000 元。对了，儿童车还是我单位发的，一分钱都没花，我觉得实用就好，而且用了很久质量也没出什么问题。

至于课外班，我妹妹既追求质量也追求数量——因为她不能容忍她在上班时，小布丁在楼下成天玩泥巴打游戏，无所事事。在妹妹看来，再闲也不能闲孩子，孩子的时间都应该用于教育和成长，这样他才能像一棵小树苗，分分钟都吸足阳光雨露，茁壮成长。

课外班忙不过来就不上幼儿园了

随着花生进入小升初准备阶段，我和花生都忙碌起来。暑假回到杭州，我们也要每天做卷子，至少两张，一般是一张数学加一张语文，或者一张数学加一张英语，这样一上午就过去了；下午我帮他改改试卷、纠纠错，然后做两道奥数题，再给他约一节外教口语课，一天就安排满了。

到了晚上我们就什么都不干了，吃完饭后去散散步、看看书或者找部电影看。

我觉得这样的安排已经够忙了，偶尔约我妹妹见面，没想到还很难约，不是我妹妹忙，而是小布丁忙——妹妹不是说小布丁要上钢琴课，就是说他要上篮球课，偶尔一次周末去她家，小布丁还在家上英语网课。

这只是一个 5 岁小朋友啊，怎么比花生还忙呢？终于有一天我忍不住问："小布丁到底报了多少个班？怎么感觉每天都在上课呢？"

妹妹说："一周 6 个，但是有 8 次，因为钢琴课是一周 2 次。"

如果放在一年前，我会说她太疯狂。但自从我辞职后，也成了接送孩子上下课外班的陪读妈妈，我已经转变了观念，只是很淡定、温柔地问了她一句："5 岁孩子，一周 8 次课外班，是不是有点儿多呢？"

妹妹没解释为啥小布丁需要这么多课外班，而是立即找了个对标："我们不是最多的，隔壁的蕊蕊，还报了 10 个班呢！"

我吃惊地问："那忙不过来怎么办？"

妹妹说："忙不过来就不上幼儿园了呗。"

我又问："小布丁喜欢上吗？"

妹妹说："小布丁对我说他很喜欢上课，也很愿意练琴。"

有一次我悄悄地去问小布丁："你喜欢上课吗？"

小布丁却说："我不想上课，我喜欢在家玩玩具！"

虽然小布丁是个阿尔法男孩，但是在学习方面，他还是和大多数小朋友一样，有点儿惰性，毕竟他才 5 岁。不过我很佩服他的小聪明，知道妈妈喜欢听什么样的话，也知道和我说实话没有风险。

比起布丁，四年级前，花生的课外班生涯，就像一片荒芜的沙漠。那会儿没有微信，没有公众号，没有朋友圈，我们也不知道别人家孩子都在干什么，所以也就心安理得，无知者无畏嘛。

时代变了，在今天，我怀疑，在大城市，还有没有我这样的稀有"人种"——不给孩子报课外班的家长。

关于课外班的调查，原来大人都想多了?!

我说干就干，进学校给四年级学生做了份问卷调查，没问家长，都是让小同学自己做的。

收到问卷调查表，我发现，不报班的学生一个都没有，课外班的中位数则在 3~4 个。

调查对象：杭州某重点公立小学四年级学生

问卷调查表回收数量：34 份

问题一：你一周有几个课外辅导班和兴趣班？

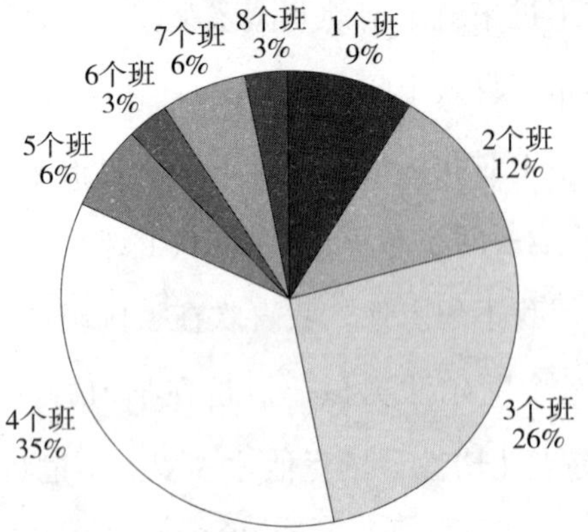

选择兴趣班人数

平均每个同学每周上 3.6 个课外班。

人数最多的是上 4 个课外班，占总人数的 35%；其次是 3 个课外班，占总人数的 26%。

每个课外班时长最短的是 30 分钟，最长的有 4 小时，大部分课程平均在 1.5~2 小时。也就是说，每个同学每周平均花 6~8 小时在上课外班。

报课外班最多的——1 周 8 个班！

另外还有两个是 1 周 7 个班。

报班最多的同学，有一个是班里的学霸，父亲开小卖部，母亲初中文化水平。其余两个父母都是国家干部，学习成绩目前在班里处于中游。

在这些样本里，看不出报班多少和父母职业的关联，以及和学习成绩的关联。

问题二：能说说是什么样的课外班吗？

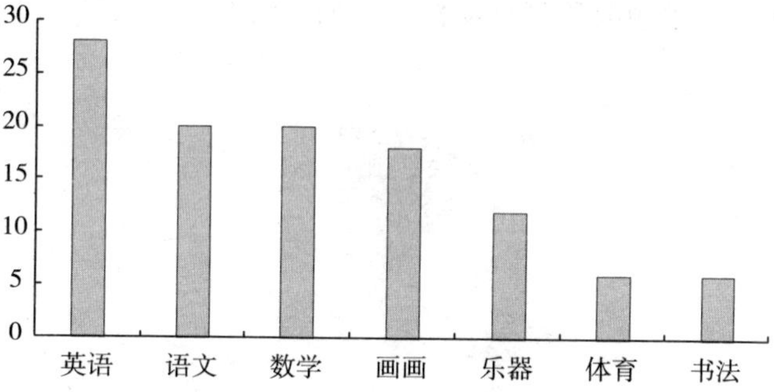

各种课外班上课人数

课外班种类繁多，一共有 26 种，123 个。

不过，孩子报得最多的还是语数英三科。学龄前和小学低年级的课外班是以兴趣为主，到了小学中高年级，由于学业负担增加以及小升初的要求，兴趣班的占比下降，学科辅导班成为主流。

这也是说，小学三年级前还有精力可以到处插柳，普遍尝试，到了三年级以上就要有心插花，收拢兴趣了。

其中，报英语课外班的人数最多，占比 82%，只有 6 名同学没有报。

报班人数第二多的是语文和数学，各占比 59%。

现在的语文是大语文概念，其中报得最多的是写作班，还有古文和阅读班。

说到兴趣班，报画画班的人最多，占比 53%。

其次是各种乐器，占比 35%。学习的乐器很分散，包括钢琴、长笛、口琴、古琴、古筝、黑管、吉他、笛子。

报体育课外班的人就少很多，只占 17.6%，课程包括击剑、羽毛球、乒乓球和篮球等。

与时俱进的高科技班也不能少，乐高机器人班有 2 个同学报，还有 1 个同学上 3D 打印的课程。

问题三：哪些课外班是你自愿上的，哪些是家长要你上的？

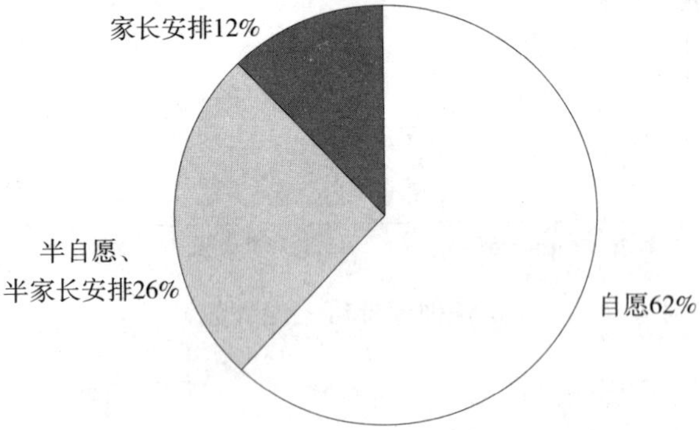

课外班自愿情况

62% 的孩子说全部的课外班都是自己愿意上的。

26% 的孩子说一部分是自己自愿上的，一部分是家长要求自己上的，家长强制要上的那部分大多是英语和数学。

只有 12% 的同学说课外班都是家长安排的。

原来现在的同学这么上进爱学习！如果对报班有顾虑的大人，可能真是想多了。

问题四：你喜欢这些兴趣班吗？如果有喜欢的，请列明；讨厌的，也请列明。

自愿上的那些课程，同学们表示几乎全都喜欢。

剩下极少数的由家长安排的课程，有 50% 的孩子表示也喜欢其中的几门。有 5 个同学明确表示讨厌数学，有 3 个表示讨厌英语。

然而，明确表示自己喜欢数学和英语的要多得多。

问题五：如果你不上这些课外班，多出来的时间你会拿来干什么？

问到这个问题，大多数小同学居然回答——看书！还有听音乐、做作业、运动、练习乐器等，都是正向、积极、有益的业余活动。

只有 1 个同学大胆地站出来，说自己会去玩“我的世界”（电脑游戏）和看微信，还有 2 个同学只是很简洁地说“玩”。

2002 年诺贝尔经济学奖得主丹尼尔·卡尼曼做过一个冷水实验，实验透露出，人体内至少有两种自我：体验自我和叙事自我。

“体验自我”是我们每时每刻的意识，但是“体验自我”并没有记忆能力，也不会讲故事。

负责唤起记忆、讲故事、做重大决定的是人们心中另一个自我——叙事自我。

叙事自我有一把锋利的剪刀、一支黑色的粗马克笔，审查着我们的体验。某些令人不安或不快的时刻会被删减或抹去，最后整理出一个有欢乐结尾的故事，归档备查。

小朋友都想在大人面前表现出一个更好的自己，虽然我事先强调问卷时要说实话，向他们保证问卷不会被父母看到，但是他们已经习惯表现出积极的一面。

其实，对我和妹妹，2018 年不是一个关键年，因为，很多事情是在 2018 年以前就决定好，很多准备是在升学前就开始的。或许，和课外班的数量无关，和妈妈的规划却是密切相关的。

小游戏：家长焦虑指数自测

你给孩子一周报了几个课外班？

2~4 个——恭喜你，你是个无比正常的妈妈！

5~6 个——要注意啦，你有过度焦虑的倾向。

7 个以上——这还用说，典型的重度焦虑。

1 周 1 个？甚至没报？！——什么都别说了，赶紧面壁思过去，孩子是亲生的吗？

（本测试纯属娱乐）

◇ 一点思考

问：“课外班太多忙不过来怎么办？”

答：“忙不过来就不上幼儿园了呗。”

在大城市，还有没有这样的稀有人种——不给娃报课外班的家长？

孩子比我们以为的更爱上课外班——他们都想在大人或小伙伴面前表现出一个更好的自己，表现到最后连自己也相信了。

兴趣比较容易，特长相对奢侈

培养特长主要靠天赋吗？

在小升初的过程中，经常有妈妈问我：“孩子的兴趣有用吗？”

我的回答是：“对于升学，兴趣恐怕作用不大。”

如果写简历，写孩子热爱弹琴、热爱奥数、热爱足球或者其他，除了体现出家长和孩子愿意广泛尝试的热情，其他什么也说明不了。

真正有用的简历是：奥数 × × 杯一等奖，英语等级证书，孩子钢琴 10 级，在海淀区足球队担当主力等。

也就是说，只有把兴趣发展成特长，才能成为孩子的竞争优势。

当然，兴趣也能成为优势，也就是一个人的情趣和热情，长远来看，这对一个人的人生是有用的，但是无法用于以升学或就业为目的的简历。

培养孩子，需要平衡短期和长期的利益，同时也是在平衡兴趣和特长，兴趣还是要保留的，因为对人生有用，而不是对升学有用。

对一件事甚至很多事感兴趣是比较容易的，但是把兴趣发展成特长就相对奢侈，需要很多条件。

以前我一直以为培养特长需要的是天赋。

自从有了花生，我很早就开始对他进行艺术熏陶。

我家有一套自己攒的发烧音响，用的是天龙播放器，配上丹麦的音箱——虽然，我没有什么音乐天赋，但我还是很热爱听音乐的。小时候，我住在上海外婆家，我舅舅是一个黑胶唱片重度上瘾者，家里的唱片堆到了天花板。我最爱的是柴可夫斯基的《天鹅湖》，还有巴赫、舒曼、莫扎特等德国作曲家的小品。帕格尼尼、拉赫玛尼诺夫、德沃夏克我也比较喜欢。

花生 3 岁前，坐在餐椅里，吃着我做的三文鱼菠菜粥、南瓜奶酪肉碎时，背景音乐不是维瓦尔第的《四季》，就是莫扎特的钢琴协奏曲。

可是对于音乐，花生基本无动于衷，只有一首儿童版的《春之声》，他听到后就手舞足蹈，不过我不确定，是不是因为这首乐曲前奏是一阵鸟叫声。

花生对音乐的敏感度被激发出来，还是在另外一件事情上。

花生不到 1 岁就开始说话，除了会说爸爸、妈妈和点点——我家以前养的一只白色中华田园猫，经常被花生当作座驾，还会说“大钟”——其实是“大众”（汽车品牌）。

这是因为我带他在院子里遛弯时，他的圆眼睛只要一看到小轿车，就像狙击枪的瞄准器锁定了目标，再也挪不开了。

因为对汽车的热爱，3 岁前他的启蒙基本是围绕汽车展开的——

颜色：看到一辆马自达，红色！看到一辆甲壳虫，黄色！

形状：轮子是圆的，天窗是方的，雨刷器画出的形状是扇形！

动物：指着捷豹标志说豹子豹子！指着东风标致说狮子

狮子！

数字和字母：摸着车屁股说妈妈，E32715！妈妈，BMW！

音乐和英语也是如此：只要一听到 Imagination（当时丰田威驰的广告歌“Colorful Days”中的歌词），就说：“丰田！丰田！”一听到“You are beautiful”（当时大众汽车广告中的歌词），就说：“宝来！宝来！”

但是，这里有一个问题，只要是和车没关系的音乐，他就完全没兴趣了。

到了花生 5 岁，我们带他去体验钢琴启蒙课，他坐到钢琴前，乱弹一气，很有激情的样子。我赶紧问他要不要学钢琴，他却坚定地摇了摇头说：“妈妈，还是不要了，我没什么兴趣。”

直到现在，所有学科里，花生学得最差的就是音乐，只能取得一个 B，在一堆 A 里有点儿扎眼，他总说：“我音乐太差了，一点儿天赋都没有，幸好你当年没让我学钢琴。”

花生在音乐上的折戟沉沙，让我发现，没有天赋，光靠家长的熏陶和启蒙是远远不够的。孩子对什么事有热情，其实也取决于他的天赋，是先天带来的倾向性。

耐心的启蒙能保护孩子的热情

和学钢琴相反的，是花生的绘画，花生的美术成绩表现优秀，我也给他报了一个绘画班，中间参加了两次比赛，也得了全国的奖项。当然，绘画班的老师给予了很多指导，这个很重要。但是一旦把绘画当成一项任务，他却不太愿意去绘画班了，加上五年级开始小升初任务越来越繁重，绘画班我们也就停了。

到现在，他兴之所至，在语文或英语的手抄报作业上，也会画上一些画，我就不失时机地问："要不要再把绘画捡起来，培养下特长？"花生都说："算了吧。当爱好可以，当特长就算了。"

花生并不是一个个例，很多孩子从小都比较喜欢绘画，在他们还不会用文字表达时，绘画或者说是涂鸦就是他们表达想法的一种方式。音乐也一样，孩子看到电子琴啊钢琴啊都喜欢坐在那里乱弹一气。孩子对艺术的热情、对表达的渴望，往往是一种自发的天性。

而那些严格强调技术、目的，完全用于考级或得奖的绘画班或钢琴课，往往很难激发孩子的兴趣，反而浇灭孩子的热情。也就是说，在某种程度上，兴趣培养班成了兴趣降级班。

我有个朋友，在培养儿子的钢琴特长时就掉进了这个陷阱。她看到儿子有一定的音乐天赋，一开头要求就很严格，同时也去考级并参加很多比赛。结果，这个孩子很快就失去对钢琴的兴趣，虽然也考过了 10 级，但是一旦考完就再也没碰过钢琴。

相比之下，我另一个朋友，在培养女儿学乐器这件事情上就做得更好。

她女儿学的是小提琴，比钢琴入门要更难。

朋友找了一位很有亲和力的老师，一开始也不是传统意义上的学琴和上课，而是老师带着孩子一起欣赏音乐。歌剧、交响乐、钢琴曲都听一些，中间穿插着小提琴协奏曲，听完老师会让孩子说说自己的感受，并且在这过程中慢慢给孩子介绍一些音乐的创作背景和文化常识等知识。

这位老师以及朋友都非常有耐心，在这个阶段一直都没说让孩子学小提琴。但在和老师相处了两个月，欣赏了很多音乐，交换了很多想法后，在一节课上，朋友的女儿主动提出："小提琴很好听呀，我想学小提琴。"

要是别的家长肯定会觉得正中下怀啊，那就马上让孩子练琴吧。但是，朋友却没同意，而是和老师一起再三和孩子确认，说学琴会遇到很多困难，也会很辛苦，但是一旦选择了就要坚持下去。孩子依然很坚决："我想学，我会坚持的。"这样一番下来，孩子才开始正式学琴。

虽然练小提琴的姿势很别扭，找对音符也很困难，但因为这是自己选的乐器，这个孩子一直保持着对小提琴的热爱。每次上课和练琴都不用家长特别催促，都是自己主动进行的。

她还说："小提琴乐曲太美了，如果我能像那些艺术大师一样，拉出这么好听的乐曲，那该有多好。"

所以，在艺术培养上，家长不要太着急，要知道欲速则不达，每个孩子都是带着热情和学习欲望来到这个世界上，热情是一种很宝贵的东西，家长千万不要用自己单方面的意志力去消磨孩子的这种热情。

把兴趣发展成特长，需要保护孩子的热情，好的启蒙者或引领者非常重要，而不是简单地送孩子去绘画班或让他们去上钢琴课。

而优秀的启蒙者或引领者是不好找的，需要家长有这方面的资源，如果家长既不懂行，又没有很多精力和时间去仔细研究，那么就需要投入大量金钱，因为，好老师都是很贵的。

我有一个朋友，自己开公司收入很高，4 岁起让女儿开始学钢琴，到了 6 岁就请一小时 1000 元的老师教，据说老师特别专业，也特别善于启发和点拨。至于儿子，一表现出对足球的热爱，他就请了一个一对一的教练，每周两次来教孩子踢球，一年光是教练费就要 10 万元。

我问他在孩子兴趣上投入这么多值得吗，他说："有兴趣很容易，但是有特长就难，要找到好老师，要请就要请你能找到的最好的老师。我这个投入还算少的，因为孩子的级别还很低，等他们水平提高了，找到真正大师级或国家级的教练，那一年10万绝对打不住。"

那时候我就比较绝望，我们家是普通家庭，拿出这么多钱来培养孩子的兴趣爱好都觉得很困难，而比我们收入更低一点儿的家庭，是不是孩子就没有发展特长的机会了？而且即使拿出这么多钱，也无法保证孩子肯定就能发展出特长，特别是那种有竞争优势的特长，比如艺术类要拿到行业内认可的全国奖项，体育类至少要达到一、二级运动员的标准。

特长，就是需要的时间特别长

培养特长真的这么奢侈吗？这种困惑一直伴随着我，直到我经历了花生的妹妹玉米培养出黑管特长的全过程。

从天赋、启蒙和金钱三个要素来看，我们培养玉米的特长的条件都很有限。

天赋：我们全家都没有音乐天赋，玉米爸爸是理工男，五音不全，别说音乐天赋，甚至连基本的音乐感觉都没有，玉米也只能说还过得去，大概中等偏上。

启蒙：玉米从小也没有学钢琴，而是上了一点儿节拍课，除了掌握节奏和韵律还有一点儿感觉，直到三年级前乐器基础还是零，我们也没有花钱给她请过任何老师。

金钱：后来玉米水平提高了，黑管需要买好的，这个一次性投入比较大，其他费用都是相对较低的。除了一次出国参加比赛花了3万元，其他时候一年小课、大师课和夏令营加起来，也就三四万，虽然也不能说很低，但比起其他把乐器当特长的家庭一年动辄十几万或几十万，这点儿钱只是基本投入。

从现在来看，在同龄人中，玉米的黑管水平能排在杭州市前几名，她的竹笛，也过了业余9级，可以说已经成功地把兴趣发展成特长，那这都是靠的什么呢?

在三年级时，学校管乐团招新，在选拔时，乐队指挥觉得玉米韵律还行，测了她的肺活量，看了她的手形，就让她做黑管后备团。

本来玉米不想吹黑管，她想吹的是长笛，女孩子爱美嘛，想法简单，觉得白衣飘飘，拿着根长笛很优雅。

但老师的眼光还是很独特的，玉米肺活量特别好，游泳能一口气游上1000米，而且速度还很快，因此判断吹黑管还是很适合她的。

我家没人会乐器，辅导不了玉米，学校乐团就成了一个很好的培训班，甚至比培训班还好：第一是乐团老师比较严格，大家都怕他，所以就不得不拼命练；第二是和同学一起练，是一种竞争，更是一种合作，比自己一个人孤独地学感觉好多了，也有督促作用；第三是不用花钱，全免费。

学校乐团是每周一、二、五下午下课后，每天平均集训一个半小时。如果有演出还要增加训练次数和时间，还会经常插入一些大师课，也就是比较有名的教授过来指点。

每个寒暑假至少集训一周，从早上到晚上，周末还要去老师推荐的小课老师那里提高，暑假有专门的黑管夏令营，有中央音乐学院和上海音乐学院的教授过来辅导。

玉米的学校乐团水平，放在整个浙江省都是很高的，经常在中小学艺术节上拿一等奖。所以，要达到高要求（也就是不被老师骂），在集训之外，玉米每天还至少要练上1小时左右。这样下来，一年

365 天，一天 1~2 个时的训练，是少不了的。就这样，也才达到业余 9 级的水平。

要走音乐专业路线，那得练多长时间呢？玉米的乐团里的一些学姐，后来考上了音乐学院，听说每天至少要练习 4 小时。

如果水平更高一点儿，要获得国际大奖，比如郎朗一天要练习 8 小时。《傅雷家书》里也提到，傅雷的儿子傅聪也是一天练习 8 个时。

其实练体育也很相似，花生学校里但凡足球踢得好一点儿的能入选海淀区足球队的同学，都是每天至少练习 1 小时以上的，周末至少 3 小时。

到了现在我才终于发现，除了必要的一点儿天赋，启蒙和金钱，所谓特长，就是投入的时间需要特别长，长时间的大量练习才是一个关键因素。

时间特长，造成的影响，第一就是苦。玉米一开始也是叫苦连天，特别是她在整牙期间，戴着牙套练习，很痛苦，嘴巴里都起了燎泡。但是辛苦不等于痛苦，不然也很难坚持下去。

第二点影响就是机会成本问题，孩子在特长上花的时间多了，学习肯定花的时间就少了。如果不能练出特长，还是停留在兴趣阶段，学习成绩却下降了，那肯定不是家长乐见的。

所以，在特长培养上，最奢侈的还是孩子的时间。在三年级前，还可以广泛地上兴趣班，什么都兼顾一点儿。到了三年级以上，就需要有所取舍，重点培养一两样特长。什么都想要，很可能什么特长都培养不出来。

当玉米切实有了进步，自己能吹出美妙的曲调，也得到各方面认可后，她从原来的“我不是很喜欢黑管”，变成了“我喜欢黑管”，从原来对音乐无动于衷，变成主动要去听音乐会。

可见，一个人对艺术或者其他东西有兴趣，并不稀奇，只是增加了生活的乐趣；而把兴趣发展为特长，才能切切实实增加个人价值，这也是把兴趣深化、升华的一个过程。

从兴趣到特长，要成为音乐大师可能需要天赋，但仅仅是精通乐器，其实不需要太多天赋，更重要的是付出长时间的努力，进行重复和刻意的练习。这种练习，大多数时间是枯燥的、辛苦的。

真正的热爱，是付出辛勤和努力后才能达到的境界，否则只能停留在比较浅显的感兴趣阶段。付出了辛苦，收获了进步，带来的幸福，是轻松的愉悦感无法比拟的。

正如哲学家罗素所说："任何你擅长的事情都有助于幸福。你拥有的每一项专业技能都能为你的幸福铺平道路。"

◇ 一点思考

只有把兴趣发展成特长，才能成为孩子的竞争优势。

对一件事甚至很多事感兴趣是比较容易的，但是把兴趣发展成特长就相对奢侈，需要很多条件。

除了必要的一点儿天赋、启蒙和金钱，特长，就是投入的时间需要特别长——长时间的大量练习。

真正的热爱，是付出辛勤和努力后才能达到的境界，否则只能停留在比较浅显的感兴趣阶段。付出了辛苦，收获了进步，带来的幸福，是轻松的愉悦感无法比拟的。

为什么选项多了，家长反而更焦虑了

妹妹的择校困难症

随着幼升小的临近，妹妹的焦虑指数也在不断上升。每次家庭聚会，10 句话里她至少有 9 句和择校、升学相关。

“杭州公立小学不灵的，你看建国小学已经是最好的了吧，琪琪妈妈 7 万一平方米买了个学区房，琪琪才上了半年她就说上当了，小学里什么都不教！作业也没有。”

我有点儿吃惊：“建国小学已经很好啦，我们当时想上都上不了。小学三年级前，本来就学得很简单啊，再说教育局也不建议布置太多课外作业。”

妹妹说：“这不行的，小孩就像放羊一样，那还叫什么上学？再说我家房子划片的公立，虽然是个重点，还不如琪琪的学校呢。”

我认为妹妹对公立学校有偏见，但是按照她的性格，或许对她来说也是件好事。我不迷信星座，但妹妹倒是老拿自己星座说事，她是天秤座，有点儿选择障碍症。能把公立学校这个选项排除在外，先不管正确与否，减少一个选项，就是降低了选择难度。

妹妹接着说：“我现在有点儿选不好，民办虽然好，但是太应试教育了，把小孩教得呆掉了怎么好，孩子还是要培养他们能力的。再说小布丁以后是要上国际名校的，我还考察了一下国际学校，但是我朋友的孩子原原上的国际学校管得太松了，原原现在就英语好一点儿，数学、语文都学得太浅了，给孩子打基础，可能还是要看民办……”

看来，我还是高兴得太早了，排除了公立学校这个选项，还有民办和国际两个选项啊。只能在我妹妹面前放一个选项，这样她才不会纠结。

花生小时候上学，我好像都没考虑过其他选项，天经地义地觉得就应该上公立学校。国家九年制义务教育，当然要享受下这个待遇吧。

当然，学费只是择校考量的一方面。别看民办学校在上海和杭州发展得烈火烹油，成了众多高标准严要求的妈妈的第一选择，在北京，占主流的还是公立学校。北京的家长，送孩子上学首选公立学校，如果进不了公立学校才会退而求其次。

在近几年，也有越来越多的北京家长为孩子选择国际学校，这些家长都是很早给孩子定好出国读书的目标的，还有的家长并不是很想让孩子出国读书，只是出于对应试教育的规避，觉得在高考的指挥棒下，竞争太激烈学习压力太大。

其实，北京的大部分公立小学课业压力并不大，也是快乐教育，在作业和压力水平上和国际学校也相差不大，最大的区别就是小升初——国际学校一般都是 K12 一贯制，不存在小升初问题，一般都直升了；还有一些家庭在初中或高中，就送孩子出国了。

- K12，教育类专用名词（kindergarten through twelfth grade），是学前教育至高中教育的缩写，现在普遍被用来代指基础教育。

公立小学的学习过程很快乐，但到头来，还是会像我和花生一样，面临着艰难的小升初的问题。即使小升初也是直升或者派位，那后面还有中考和高考，竞争和压力是逃避不掉的。

只是，大多数人都想不到这么长远，走一步看一步，反正还早呢，到时候再说。

我的不纠结并不值得骄傲，或许只是一种拖延，把矛盾滞后了，所以到了小升初我才发现前期准备不足，有点儿手忙脚乱；而我妹妹的纠结也可以说是一种未雨绸缪，是要在孩子小学入学前就提前规划，把路径问题解决掉，省得以后再来烦恼这件事。

为了成功，焦虑或许是最低的代价

除了看得远，据说天秤座还有一个特点，就是要求高，什么都追求最优最好，这也体现在我妹妹身上。

我小时候是在上海外婆家长大的，我妹妹幼儿园时期，也到外婆家住过两年。外婆家楼底下就是上海第六百货，大人经常带我们去逛商场，有时给我们买点儿吃的用的。每次买东西，我一般都不大看价格，也分不清质量，眼里只有我想要的；而妹妹就和我相反，外婆这样说："莹莹太老实，不精，小叶子就蛮灵哦，每次都看上最贵最好的东西，还一定要比别人好，以后到社会上应该混得更好。"

外婆很有洞察力，我和妹妹后来的人生，也一直都印证外婆的这句预言。

上学：

高考那年，我歪打正着，考上了当时录取分数线最高的大学；过了几年我妹妹高考时，她一定要填和我一样的志愿。我工作了几年，上了北京大学MBA（工商管理硕士）；妹妹回到杭州工作，看到我上MBA，就上了个浙江大学MBA。

找对象：

我找老公看缘分，妹妹找老公要看相貌、家世和工作。

买房买车：

我买房看自主需要，妹妹买房看品质、地段和档次。

我对买车没兴趣，妹妹买车看品牌。

工作：

我没太高追求，只要收入稳定就行；妹妹立志当大老板，自己创业。

养育孩子：

生了孩子，在花生的吃穿用方面我只讲实用，母乳喂养不花钱；妹妹追求名牌，奶粉都要托人从国外买回来。

孩子上学：

我觉得幼儿园和小学无所谓，离家近又省钱的公立学校就好；妹妹宁愿往返路上一个多小时，每年花上几十万元，也要让孩子上个好学校。

孩子的未来：

我对花生没有制定特别的目标，进入重点校当然是最好的，他自己的目标是985大学，我当然支持，至于未来的工作，只要能做他自己适合并喜欢的事情，收入过得去就行；妹妹给布丁设定的大学目标是哈佛耶鲁牛津剑桥，即使他自己不开公司也要进入世界级大公司做全球高管……

我佛系，妹妹鸡血，因此她的人生要比我成功得多。当然，成功是有代价的，正是因为要求高并且追求完美，她比我更容易焦虑。

她的高要求和鸡血放到教育孩子身上，我也学着外婆大胆预言一句，从世俗的标准衡量，他俩长大后，小布丁很有可能比佛系的花生更成功。

当然，也存在这样一种可能，在追求成功的过程中，小布丁比花生更容易焦虑。只是这似乎不重要，为了成功，是一定要付出代价的，而焦虑，可能是最低的代价了。毕竟，这么多不成功的人也会焦虑，甚至更焦虑……

所以，我在花生小升初阶段才开始焦虑，妹妹在小布丁幼升小阶段就开始焦虑，这都是由我们的个性决定的，鸡血的妈妈注定比佛系的妈妈要求更高，也操心得更多。

道路千万条，只能选一条

育儿焦虑，除了个性因素，还有一个是社会的变化，特别是社交媒体的变化。有一年春天，一个深圳的朋友嘟嘟妈妈来杭州，我们一起吃饭，关于教育焦虑，我们谈到了一个话题，微信使用的普及是在 2014 年左右。而 2014、2015 年，也是父母开始焦虑并密集化育儿的一个起飞点。

我们都认为：在微信时代，我们获得的信息太多也太容易了。以前都不知道别人在做什么、别人的孩子怎么样，现在大家都在朋友圈秀自己、秀孩子，而且展现的都是优秀、努力和成功的一面，我们就很难忍住不去关注别人，也很难忍住不去和别人比较。

因为过分关注别人，因为总在和别人比较，家长就会有一种压力：自己和孩子再不拼命就落后了，所以也跟在别人屁股后面跑到同一条赛道上，拼命追赶，却抛弃了更适合自己的道路和节奏。

还有，我们现在面对的选择不是太少，而是太多了。每个人都生怕自己错过什么，所以更加焦虑。

焦虑体现在选择课外班上：学篮球、英语、乐高、画画、钢琴、击剑、围棋，孩子这么小，少上几个兴趣班不行吗?

在这个问题上，很多妈妈这么回答："不行呀，就是要多试试，要是孩子本来在某些方面是有兴趣和天赋的，没有及早被开发，被埋没被浪费怎么办?"

焦虑还表现在择校上：公立私立国际学校都要看一遍，进了民办学校嘛，生怕英语跟不上，影响了未来考国际名校；进了国际学校嘛，又焦虑语文、数学基础打不好；进了公立学校更焦虑，放学早点就说学校不负责任。

如果问起家长："为了什么而焦虑?"他们给我的答案大多是："因为国内优秀教育资源太稀缺。"

如果我们仔细想一想，这不是焦虑的真正根源——以前想读书，只有公立学校，不能选民办学校，因为没有；也不能转国际学校，因为也没有；更不能出国，因为没钱也没渠道。

没办法，那就高考吧，清华、北大现在很难考，可是过去也没见容易考。而比起过去，现在的一本率高很多（当然因为合并和扩招，一本含金量也有所下降）。

国内优秀教育资源什么时候不稀缺啊?过去比现在还要稀缺！那么，为什么过去家长不焦虑，现在却焦虑了呢?

焦虑的根源不是教育资源的稀缺，还是刚才说的那些，总结一下，有三点：

一是家长对孩子的期待和要求大大提高了，对教育的投入也大大增加了；

二是选择越多反而比没有选择更容易焦虑，因为具体选哪条道路，家长的责任就重大了；

三是看到了更多的别人家的孩子，过多地关注他人并和他人比较。

家长在教育上的所有努力，都是为了增加孩子的选择权，但是对于没主见或者不坚定的家长，选择权多并不一定会增加幸福感，因为：道路千万条，只能选一条，选起来要人命，后悔起来也要人命。

别什么都想要。世上本来就有这么多选择，我们也好，孩子也好，你知道也好，不知道也好，我们的人生一定是会错过很多东西的。

如何破解焦虑?

对那些有选择障碍、怕耽误孩子前程的家长，其实选择后的坚持比选择本身更重要。

而对那些高要求和高期待的家长，那就行动起来，拉近自己和目标之间的距离。

这点，我妹妹做得不错——短短一周时间内，她去考察了一所离家 15 公里的国际学校，还有一所离家 5 公里的民办学校。

她在和大学群的一个师哥交流时，还意外地发现：炒作得热热闹闹，刚要在杭州成立的一所国际学校的其中一个学校董事长，居然是师哥的好朋友，同时也是自己的校友。

妹妹兴奋地对我说：“哈哈，小布丁有一个保底校了。实在进不了其他学校，就进这家！”

行动力，是化解焦虑的良药。小布丁幼升小都开始行动了，花生的小升初，看来我也要抓紧了。

◇ 一点思考

所谓的“放养”过程是挺快乐，但到头来，竞争和压力是逃避不掉的。

为了成功，是一定要付出代价的，而焦虑，可能是最低的代价了。毕竟，这么多不成功的人也会焦虑，甚至更焦虑……

因为过分关注别人，因为总在和别人比较，家长总有一种压力：自己和孩子再不拼命就落后了，所以也跟在别人屁股后面跑到同一条赛道上，拼命追赶，却抛弃了更适合自己的道路和节奏。

家长所有教育上的努力，都是为了增加孩子的选择权，但是对于没主见或不坚定的家长，选择权多并不一定会增加幸福感。

别什么都想要。

行动力，是化解焦虑的良药。行动起来，拉近自己和目标之间的距离。同时，选择后的坚持，经常比选择本身更重要。

>>>

第二章

家长的自我修养：至少不拖孩子后腿

· · ·

我不能用我现在的智商水平和理解能力，去指导和要求一个小学生，而是要穿越回去，站在我自己的10岁，用当时的认知水平去看待孩子。俯下身去，站在他的角度为他考虑，心平气和地指引他，就像一个教练，而不是一个监工。

有事白天约我，下午 4 点我要接孩子

牛娃都冲刺了，我们才起跑

自从 2016 年春天，花生四年级下学期开始，我俩把六小强定为目标，我发现，时间不够了！

那些把六小强（或者和六小强相似的市重点校）定为目标的妈妈，孩子到 10 岁时，都做了什么？

1 岁，一开口说话，就开始中英双语教学；

3 岁，能自己看英文绘本，背 100 首古诗；

4 岁，开始学乐理、学钢琴、学画画；

5 岁，奥数学习，思维训练，能做两位数的加减法；

6 岁，上区里最好的小学，奥数进入创新班，女孩第二乐器跟上，男孩练一项球类运动；

7 岁，钢琴过 8 级，英语过 KET；

8 岁，看完《西游记》和《论语》，绘画拿到全国奖；

9 岁，钢琴过 10 级，古诗词和古文，学完背完初三课本，第二乐器过 7 级，球类运动进入区队或者拿到市级比赛名次；

10 岁，奥数比赛一等奖，英语拿到 PET 证书。

这并不夸张，一般来说，能通过点招进入六小强的，就进入了海淀前 5%、北京前 1% 孩子的行列。而海淀排名前 5%、北京排名前 1% 的学生，基本就是这个水平。

如果想进入人大附中早培班和八少八素，这个水平还不够。特别在奥数方面，天才儿童进的是超常班甚至集训队，拿一等奖，而且不是在自己的年龄段，经常从自己的年级起跳一到二级，比如三年级的孩子，拿到五年级组的一等奖。

- 人大附中早培班和八少八素都是培养超能儿童的特批项目，是北京小升初的顶尖班型，面向全北京市招生，学制如下：
  人大附中早培班：培养拔尖创新人才，主要招五年级学生，少部分四年级学生，极少部分更低年级学生，用 3-4 年时间完成六年级及初中阶段课程以及早培班特设课程，期间允许学生跳级或降级，弹性学制；
  八中少年班：中学超常教育实验班，招生对象和人大附中早培相似，用 5 年左右时间，完成小学五年级至高中的全部学业，最晚 15 岁参加高考；
  八中素质班：智力优秀学生综合素质开发实验班，2010 年推出的八少的补充，只招四年级学生，四年学完小学五六年级和初中课程。这项实验第二阶段顺延至高中，完成高中学业后参加统一高考。

人大附中早培班和八少八素，我是想都没想过，花生就是普通孩子，那是选拔智商超常儿童的。

当然，如果不试一下，怎么知道孩子有没有超常的潜力呢？所以，人大附中早培班和八少八素，每次报名都是人山人海。当然，其中还有一个重要原因——即使无法最终进入这些班型，只要能过海选并进入最后一关的，把这个经历写在简历上，比很多证书都管用。比如，进入人大附中早培班招生最后一轮的学生（通常有800~1000人），俗称入营，即使最终未被早培班录取，也有很大机会进入人大附中本校或人大附中分校，小升初的问题也解决了。

花生到了10岁，水平如何呢？

乐器不会，体育没练出特长，英语也就比同龄人好一点儿，什么证书都没有，奥数基础为零。就连学校的考试，也没能做到每次都考前三名，也就稳定在班级前十名的水平。

唯一值得欣慰的，可能就是拿过两次全国的绘画奖，但只是培训机构主办的。

六小强的海选，五年级升六年级那个暑假就要开始了，留给我们冲刺的时间，只剩下不到一年半了。

我说错了，人家老早就开始规划和起跑的，才叫作冲刺，我们这种才醒悟刚穿上跑鞋的，只能叫作起跑。

当那些孩子都在辛苦学习时，我们却在快乐地玩，到现在才发现：出来玩，总是要还的。

起跑落后了，没有后悔药。好在，一年半虽然不长，也不算太短，只要我们抓紧，应该还是来得及的吧？

事业家庭难以兼顾，我的时间不够了！

但我发现，花生的时间可能够，我的时间却不够了！

花生放学早、作业少，可以挤出大量时间上课外班和进行各种辅导，但问题是，我没有时间管他。因为我那会儿上班，每天还挺忙的，只能采取所谓“高水平的陪伴”——说白了，就是没时间管学习，有空就陪他玩、看书，其间偶尔点拨和启发他两句，自我安慰这是“素质教育”。

我在外企上班时，每周都有几次全球电话会议，需要按照美国时间进行——北京时间晚上 8 点半，我躲到家里的书房，戴上耳机，每次我发言时，花生就在外面使劲儿敲门，吵着要和我玩。

到了寒暑假，就更头疼了，大部分时间我把花生放在他外公家，偶尔带他去办公室，让他做做作业、看看书，在园区一个人孤独地投投篮球、踢踢足球。花生最开心的一天，是一个客户带来一条金毛狗，他和金毛狗足足玩了两小时，客户要走了，他才依依不舍道别。

在这种情况下，我为我以前在早教上的偷懒和疏忽找到了一个借口——不是我想佛系，而是我没条件鸡血。

那些 10 岁就做好了进六小强甚至早培班准备的孩子，大多家里有个全职妈妈，全身心投入孩子的教育中。

即使不是全职妈妈，也是时间比较自由、工作相对轻松的，比如大学老师，或者一些事业单位职工，再加上家里有老人或孩子爸爸，至少在接送孩子辅导班上可以出一把力。

我既不是全职妈妈，家里也没帮手，这导致我很被动。

像我妹妹，公司是自己的，就相对灵活、自由。小布丁上幼儿园后，每天下午 3 点半，她把工作布置好后出发去接小布丁，回到家陪着练琴、学数学、学英语。

孩子小时候，不是家长教出来的，而是妈妈陪出来的。想一想，你和一个小朋友说“自己练一小时钢琴”，而你却不在他身边，他练没练、练成什么样，你最好就不要指望了。

孩子越小，自我约束能力越差，自主学习能力越弱，越是需要大人的监管和帮助。

一个为工作疲于奔命的妈妈，能兼顾一日三餐，把孩子拉扯大已经很不容易了，叫她去辅导孩子功课培养孩子特长，密集地进行家庭教育，这就难于上青天了。

认识到这点，有个念头开始在我心里发芽——辞职，但由于种种考量，一直也没彻底下决心。

直到体检时，我被查出肿瘤标志物超标，医生建议先定期随访。紧接着，我公公又病重住院了。我又要照顾公公，又要接送家里两个小朋友，实在忙不过来，于是我就请了长假。

公公去世后，花生的小升初也到了紧要关头，我开始重新思考人生的排序。

以前因为工作忙，我陪伴花生的时间并不算多，照顾家里也很有限。而现在公公的去世让我省悟到，家庭和孩子，是比工作更重要的事情！

我要辞职！做一个家庭主妇，全职妈妈。

从职场精英变身家庭主妇

听到我这个决定，身边很多人不看好。

我同事很吃惊："回家？当家庭主妇？小心和社会脱节啊……"

我爸爸有点儿担忧："你不赚钱没收入怎么办？靠男人养你很危险的……"

我同学为我可惜："你一个北大硕士回家带孩子，是不是太浪费了？"

还有朋友认真提醒我："千万不要把教育孩子当成理想啊，一个女人要有自己的人生，不然孩子长大了，你去干吗呢？"

其实，哪个女人不想事业和家庭兼顾呢？但在不同的阶段，每个女人的重心是不一样的：没有孩子没有家庭负担时，你会更专注于个人成长；当孩子小需要妈妈陪伴、老人生病需要照顾的时候，就需要你投入更多的时间精力来陪伴家人。

但是即使考虑清楚，无怨无悔做出这样的选择，也并不意味着做全职妈妈就没有风险，而且我这个全职妈妈，是难度系数最高、结果又最不确定的那种——一个小升初陪读妈妈。花生是否能考上六小强，我心里一点儿数都没有。和那些天才儿童相比，花生只是一个普通孩子；我也不像我妹妹，我没能一早就确定好目标，依据目标做出周密的规划，在孩子还在牙牙学语的阶段甚至刚出生就开始准备，确保成功的概率。

陪读妈妈，在全职妈妈中，是社会交际最贫乏，情报系统却最发达的。

自从辞职回家后，我整个身心都被孩子的教育大事占据，一天24小时安排得密不透风，有时还鸡飞狗跳；同时，在不明朗的小升初选拔机制下，我还要去研究各个学校的入学机制——怎么做简历，什么时候组织考试，考试的内容和难度，如何取得考试资格，要不要考坑班，哪个机构的辅导班更对口。我关注了20个小升初公号、论坛，加过12个课程群、7个家长群，还考察过坑班，研究过PET和FCE，给花生报名参加过奥数竞赛……

在陪孩子写作业、监督孩子刷题、接送课外班、搜集情报以及研究攻略的日程表里，想再塞进吃饭聚会，缝儿都没有。

没有孩子的时候，人家叫我出去赴个约，吃个饭，参加个聚会什么的，我基本随叫随到，那时还特别不能理解，为什么那些当妈的都不参加活动——和孩子一刻也不能分离，至于吗？

孩子上幼儿园和小学低年级时，人家叫我出去赴个约，吃个饭，参加个聚会什么的，我有时候会去，毕竟在妈妈这个职能之外，总要保留一种身份叫作我“自己”。

等孩子进入小升初阶段，人家再叫我出去我就全部推掉，“我现在在忙小升初，过两年我们再见！”

不过我偶尔还是会有约会，只要对方能满足我一个条件：“有事白天约我，下午 4 点我要接孩子。”

能白天出来的约会对象，大多都是女性，而且基本也是家庭主妇、全职妈妈。

而且，我们约会的目的，也不仅仅是为了放松，在北京这样的大城市，生存竞争就像东非的稀树大草原一样激烈，所以教育情报搜集和经验交流工作极为重要，甚至事关生死。

这时，再想起没有孩子的时候，我对那些总缺席社交活动的妈妈的“歧视”和“不解”，不禁感慨万千，一个女人的成长，有时候就是活成以前自己瞧不起的那种人……

◇ 一点思考

当那些孩子都在辛苦学习时，我们却在快乐地玩，到现在才发现：出来玩，总是要还的。

孩子小的时候，不是家长教出来的，而是妈妈陪出来的——年龄越小，自我约束能力越差，自主学习能力越弱，越是需要大人的监管和帮助。

一个为工作疲于奔命的妈妈，能兼顾一日三餐，把孩子拉扯大已经很不容易了，叫她去辅导孩子功课培养孩子特长，密集地进行家庭教育，这就难于上青天了。

其实，哪个女人不想事业和家庭兼顾呢？但在不同的阶段，每个女人的重心是不一样的：没有孩子没有家庭负担时，你会更专注于个人成长；当孩子小需要妈妈陪伴、老人生病需要照顾的时候，就需要你投入更多的时间精力来陪伴家人。

小时候没有好好上的学，有了孩子都要补回来

被现实教训：曾经是个学霸却做不出小学的题

刚做陪读妈妈那会儿，我对自己还是有点儿信心的，好歹我也是北大硕士毕业，辅导小学语数英肯定轻松拿下！

很快，我就被现实狠狠教训了。

看到鸡兔同笼、牛吃草等奥数题我就发蒙，即便是我熟悉的行程问题，也不是简单的相遇和追及这么简单，总要东绕西绕，能把图画出来就算成功。还有放水注水、工程问题，也是复杂难懂。

永远不要用自己做学生时的经验来衡量当下的教育，时代变了，如今小学六年级的奥数题，烧脑程度堪比我们当年高考的压轴题。这时我就想，我在五年级时，都在做什么呢?

好像还在加减乘除。

我就再往高年级想，我初一时能做出如今四年级的奥数题吗？好像不能。初二呢？初三呢?

我想不下去了……

花生的奥数题我不会做，还能找到借口，奥数体系和数学大纲毕竟不同，我可以说没学过。但在做六小强的真题时，我居然连语文都

不能全答对，这又算怎么一回事呢？

我是不是忘得差不多了，需要重新来一遍九年制义务教育？

我正在琢磨是不是需要重新补习时，妹妹给我做了一个示范。

我和妹妹小时候都没学过乐器，乐理也没好好学过，我是大一学吉他时才搞懂了五线谱，妹妹对音乐可谓一窍不通。

有一天，我到妹妹家吃饭，小布丁在他自己房间弹琴，就在客厅旁边，开着门，妹妹和我在客厅聊天。

聊天过程不太顺利，因为妹妹不太专心，总插入一些这样的话：

> “布丁，要弹出欢快感，而不是弹得快，节奏要慢下来！”
>
> “布丁，刚才那个小节，有个音弹错了，重过一遍！”
>
> “布丁，这个 Do 需要强化，你弹得比别的音轻了！”
>
> “布丁，刚才要停顿 4 拍，你怎么才停了 3 拍！”
>
> ……

这是我那个不懂音乐的妹妹吗？

妹妹向我解释，小布丁学琴，她也必须跟着学，搞懂所有的曲调和弹奏技巧。

因为学琴可不仅仅是学，关键是练，老师一周最多上两次课，后面练习得有人盯，否则就白学了。

要想从五音不全到精通音律，只需要家里有一个学琴的孩子。

妹妹为了陪布丁练琴，快 40 岁的人了，零基础还要开始学习乐理；我为了花生的小升初，重新温习一下语数英，算得了什么?!

陪读改变中年人的性格

陪读不仅能促进中年人学习，还能改变中年人的性格。

我有个小师妹，性格有点儿像男孩，上学时迷迷糊糊，书本不见了，作业忘了做，考试漏看题，都是很正常的事。

有一天她约我见面，在一家以吃“草”著称的餐厅——主食就是沙拉：一堆绿叶蔬菜，上面撒点藜麦，再摆上三四片绿油油的牛油果和粉扑扑的三文鱼。

我是准点赴约的，看到她坐在那里，餐桌上放着一个风琴夹，旁边摊着一摞卷子，她披头散发地埋在中间，在一个大本子上写着些什么。

我和她打了招呼，她扬起脸，眯起眼睛冲我一笑，说：“你先看菜单点吃的，等我一下，把这道题抄完。”

我凑过去看她在写什么，天哪！是纠错本，密密麻麻的，不过写得清清爽爽，每一道题下面，不仅有错解、有正解，还有错误的原因分析。

等她写完，我也点好了沙拉和饮料，我说：“恭喜你啊，拖了这么长时间，终于决定要考研啦！”

她睁大眼睛，指指自己鼻子说：“我？这么不爱读书的人，会去考研?!”

我接着猜：“哦，我明白了，这两年经济形势不好，你在准备考公务员或者事业编？”

她回答：“有没有搞错！我都 40 了，公务员 35 岁就没法考了！”

我说：“那你这么拼命是为什么呢？记得读书时，我可从来没见你这么认真过。”

她苦笑道：“还不是为我儿子？他太忙了，催了多少遍都没搞出错题本，没办法，我只好把卷子都带到办公室，中午抽时间帮他整理。”

我也要学习下，把错题本拿过来一看，一些特别长的题，还有复杂图形的几何题，不是手抄上去的，而是印在上面的，“咦，这是怎么做到的？”

“你不知道吗？这是一种特殊的胶带，拿这个胶带先贴在题目上，然后撕下来再贴在本子上，就印上去了！”

“那你为什么不把题目直接剪下来贴上去呢？”我很偷懒，经常这么做。

“卷子还要留底的呀，而且两面都有题的，把这一面剪下来，反面不是就缺了一块啦？”

我对她简直刮目相看：“哈哈，没想到你是这么细腻的人！”

师妹也哈哈大笑，接着又叹了口气：“作孽啊，小时候没好好上的学，有了孩子全都要补回来！”

我们家的理工男最近出门、出差都带一本书，书名是《怎样解题——数学思维的新方法》。这本书我实在打不起精神看，就请他看完后给我讲讲。

他看完后对我说：“看了这本书，我最大的体会就是：怎样解题？最好的方法就是——多做题。”

我暗自庆幸：幸好我没看。

接着，他又换了一本书随身带着，是一本数学培优练习册。不管是吃完中午饭，还是开会间隙，一有空就拿出来做题。

我想不通：“不是让小朋友多做题吗，怎么你倒做起来了？”

他回答说：“他们不是没时间吗？我先自己做做，看看有什么重点难点，以后辅导他们也好有针对性。”

要知道在上学时，理工男可是最不爱做题的呀。

不要问我是怎么知道的——我和他做了5年的同班同学。

为了陪读我拼了，谁知山外依然有山

理工男这么拼，我也不能示弱啊！数学我落后了，语文我也不能全答对，那我就来攻我擅长的英语吧。

六小强小升初英语考题，阅读部分比较难，大概是中考到高考之间的水平，还包含一些科技文章。在备考时，花生做了一些小升初试卷，有一篇文章是说美国加州农业的，还有一篇是讲美国 FBI 的选人机制的。有时遇到比较难的阅读理解题，或者英语作文不太会表达时，花生来问我，我竟然也经常吃不准，还要转过身偷偷摸摸在手机上查。

亏我还是英语专业八级呢！还曾经是外企经理，每天都用英语回邮件呢！居然连小升初的题目都搞不定？真是太跌份儿了！

我可不能躺在 20 多年前的专业八级证书上睡大觉啊，这样我在家里的地位和声望就不保了。

为了恢复我的自信心，我决定努力学英语。但是，不考试怎么能学好呢——我就是这么给孩子洗脑的呀。

以前我没考过雅思，那我就花 2000 元报个雅思考试，再花 5000 元报个雅思 7 分网课，花 3 个月天天学英语。

每天早上 9：00~9：30 练听力（因为考试也是这个时间考听力），还背了一大本《雅思词汇圣经》，做了 60 篇阅读理解题，写了 20 篇小作文，20 篇大作文，暑假还拉着花生练口语。

最后进了考场，我发现我是年纪最大的，周围都是 20 岁左右的小姑娘，幸好我保养得还行，不算太突兀。

我匆匆忙忙写完作文，感觉自己这次考砸了，估计还得重新交钱再考一次。这次交了 2000 元考试费，原来就是买了一支考场发的笔呀——这可是我用过的最奢华的铅笔了。

两周后分数下来，我的写作分不高，好在听力得了满分 9 分，给我的平均分拉到 7.5 分，也算挣回一点儿面子。哈哈，我现在再辅导英语，教训起小孩声调也提高了不少。

搞定英语后，我心血来潮，觉得数学也要精进一下，于是和花生一起上了数学网课，一边上课一边记笔记。

之后，我就有点儿膨胀：我的学习精神太强了，感天动地呀。这种错觉一直持续到我和一个西城妈妈一起吃中午饭。

在涮火锅时，她不经意地提起："我女儿不是忙吗，网课我都是自己先上一遍，有些她已经掌握的知识就不用再看了，省得浪费时间。只有她的薄弱环节，她没怎么做过的题，我自己先消化了再讲给她听。"

我们俩的差距，简直是从珠峰大本营到珠峰顶峰的距离，就算我花了时间拼了老命最后能爬上去，估计那时孩子也上中学了，老母亲也只能退居二线给他们端茶递水搞后勤了。

每一个牛娃背后，都有一个热爱学习的中年人。

哦，不对——

每一个热爱学习的中年人，都是被孩子激励的。

◇ 一点思考

永远不要用自己做学生时的经验来衡量当下的教育，时代变了。

妹妹为了陪布丁练琴，快 40 岁的人了，零基础还要开始学习乐理；我为了花生的小升初，重新温习一下语数英，算得了什么?!

陪读不仅能促进中年人学习，还能改变中年人的性格。

每一个热爱学习的中年人，都是被孩子激励的。

陪读妈妈，做严监工不如做好教练

陪孩子写作业可不是什么好工作

在全职妈妈的江湖上，流传着盯孩子写作业，最后搞得鸡飞狗跳的故事。

在我辞职前，花生写作业时倒是一直岁月静好，因为我很少陪他写作业。我开始检讨自己，是不是太不负责任？

不过，就是我想陪他，花生也从来不给我这个机会。

等我下班回到家，他作业早就写完了——公立学校就是这样，作业真的很少。

所以，刚辞职那会儿，我就想，我也陪他写写作业，尽一个陪读妈妈的义务。

第一天，我接他回家，想陪他写作业，他没给我这个机会，只是在找东西吃。肚子饿了，写作业前总要补充点儿能量吧。

花生在冰箱里找了酸奶，食品柜里找了糕点，摸摸这摸摸那，半小时转眼就过去了。

我有点儿不耐烦，就去洗衣服了。结果等我洗完衣服回来，发现他在那里看 iPad。

“你怎么还不做作业？”

“妈妈，我已经做好了！”

“啊！”作业少到这个份儿上，真是出乎我的意料，一不留神竟然错过了！

“你作业这么少？”

“不是作业少，我在午休和自习课上，把语文和数学都做完了，就剩下一篇英语阅读。”

第二天，我提高警惕，他回家我陪着，他吃东西我陪着，他摸东摸西我也陪着。

终于等到他做作业了，我在旁边观察：

怎么写字又慢又差！

有些字的笔顺也不对！

做题怎么也不打草稿！

没想好就写，写了又改，涂得乱糟糟！

这道题明明很简单，为啥要绕一个大圈子！

我越看越不顺眼，忍不住指指点点。

说得多了，花生越做越慢，越做越愁眉苦脸，我也越来越生气。

花生问：“妈妈，你怎么不去洗衣服了?!”

有了这个教训，我请教了那些陪孩子写作业的家长，她们也都说：“看着干着急，揪心，气死了。”

看来，陪孩子写作业可不是什么容易的工作。

不过，换位思考，如果我写作业，我妈一直在旁边盯着，恐怕我也写不好吧。

不要做“监工型”妈妈

陪孩子写作业，其实妈妈扮演的是一个督导的角色，或者说是监工。

监工是干什么的？是盯着人不让偷懒，是盯着人不让低效，是盯着人不让出错，其实就是盯着人不让做这不让做那。

这是靠外界的力量来控制做事的人，那么一旦没有监工，不是就可以偷懒、可以低效、可以出错了吗？

说起“监工型”妈妈，恐怕全球最出名的就是虎妈蔡美儿了。在教育上，她对孩子严苛的监控让人咂舌，特别在制定家规、陪孩子练琴上，“采用咒骂、威胁、贿赂、利诱等种种高压手段，要求孩子沿着父母为其选择的道路努力”。

虎妈蔡美儿是“监工型养育”的成功代表，有很多人拿她举例，说人家教育出的两个女儿不也挺好的，都进了哈佛，心理也没出啥问题。

我想起了一个“幸存者偏差”的故事，或者叫作“沉默的证据”。

2000 多年前，罗马思想家、雄辩家西塞罗讲了一个故事：有人把一幅画拿给一个无神论者，画上画着一群正在祈祷的拜神者，他们在随后的沉船事故中幸存了下来，其寓意说明祈祷能保佑人们不淹死。

无神论者问：“那些祈祷后淹死的人的画像在哪里？”

死人是不会说话的，我们是听不到失败者说话的，或许他们和成功者做了同样的事情。

千万不要忽视沉默的证据，它们能说明更多问题。

总有人宣传虎妈的成功，总结出成功孩子的妈妈有这些共同点：精心设计，强力控制，严格执行，总之就是：控制，强势，挑剔。

如果仅仅看到蔡美儿“监工”这个特点，以为按照这种方式育儿就能成功，就是只看到树叶，没看到森林。

如果你有机会看看那些叛逆的孩子，那些心理有问题的孩子，那些长大后无能的孩子，他们的妈妈也有个共同点——强势，挑剔，控制。

我们普通家长千万不要只看到蔡美儿的成功，就追随她极端的一面，而是要看到，在这种极强的控制欲下，能养育出身心健康的孩子，并不是一种普遍现象。

同时，“虎妈”的标签下，也有着被人们忽视的一些东西。比如蔡美儿和丈夫都是耶鲁大学终身教授，能给孩子提供卓越的平台和资源。还有，蔡美儿采用了不少科学养育的方法，只是没有她的虎妈式教育出名。举个例子，她为女儿选择的音乐教学方法是铃木钢琴法（小提琴也有铃木法），如果小朋友努力学，可以每星期学习新的曲子，因为“如果一首曲子就要练好几个星期，甚至几个月，他们就会感到厌烦而放弃练习”。

而且，蔡美儿的虎妈式教育在自己孩子身上也不是总能奏效，她和叛逆的二女儿露露之间关系紧张，她自己也对大女儿承认：“对你有用的教育方式，对露露却不起作用，而且其结果简直可以说一败涂地。”

在虎妈式教育上，如果我们没看到关键的拼图，没看到全景，就去学习虎妈式的严苛监工，是盲目而危险的。

站在孩子角度，做一个好教练

现在的家长越来越知道娇惯孩子害处多，这是一件好事，但是走到另一个极端——严厉管教——也不科学，因为，当大人用严格控制的方式来管教孩子时，孩子依靠的是“外在的控制”，是大人抢走了孩子管理自我的权利，是大人始终在为孩子的行为负责。

其实奖励也是如此，大人必须随时关注孩子的好行为并给予奖励，那么，到底是谁在承担责任？是孩子还是家长？

如果孩子一直被训练成根据外在惩罚和奖励而决定怎么做，那么，一旦大人不在场，一旦没有奖惩机制，孩子还会为自己的行为负责吗？

控制型的父母常常责怪孩子缺乏责任感，没有主观能动性，却没有意识到，正是自己管教孩子的方法不妥当，把孩子训练成不为自己负责的人。

小升初比我想象的难，投入的精力和时间也比我预想的多，但好在这些都是能解决的问题——凭借自己的刻苦学习就能实现目标。更难的是，妈妈能刻苦学习，不代表孩子就能刻苦学习。

让孩子学，比自己学难多了。花生还算懂事，五年级的元旦，他和班上同学去崇礼滑雪，很晚回到宾馆，还没忘记做我布置的每天10道奥数题。

只是，做是做了，做的质量就无法保证了。为了赶时间，字写得歪七扭八，10道题还有4道空着。哦，不是空着，而是写了两个大字——不会！

不过这也还好，孩子玩儿心重、不自觉很正常，如果妈妈盯得紧一点儿，多鼓励鼓励，这个问题也是能解决的。最难的是，你觉得很简单的事，无论怎么说他也听不懂，或者说的时候懂了，转头就忘！

因为这些困扰，我去找了很多关于教育的书看，渐渐意识到，这不是花生的问题，而是我的问题。

我不能用我现在的智商水平和理解能力，去指导和要求一个小学生，而是要穿越回去，站在我自己10岁的时候，用当时的认知水平去看待花生。那么，听不懂，不理解，就再正常不过了。

再说，我一个中年人的情商，总比10岁小朋友高太多了吧，那么不管是交流还是辅导，我都应该俯下身去，站在他的角度为他考虑，心平气和地指引他，就像是一个教练，而不是一个监工。

好教练需要做到的三件事

首先，要做到和善而坚定。

这也就是著名育儿专家简·尼尔森博士提出的正面管教理论。

专断的方式通常缺少和善，骄纵的方式则缺少坚定。“和善而坚定”指的是态度要温柔，原则要坚定。“和善”的重要性在于表达我们对孩子的尊重。“坚定”的重要性，则在于尊重我们自己，尊重当时情形的需要，让孩子学会自我约束。

孩子的内心是非常敏感的，他们的自尊心比大人还要强。

如果我们平时注意维护孩子的尊严，尊重孩子，同时态度坚定，一以贯之，孩子很快就会明白，他们的不良行为不会得到自己想要的结果，这会激励他们在保护自尊的前提下改变自己的行为，往大人期待的方向发展。

其次，要鼓励，而不是表扬。

对于孩子，正向的肯定比负面的否定要积极，但是，鼓励又比单纯的表扬要更积极。因为表扬是肯定过去的成果，鼓励却是激励孩子未来的努力，而且是有方向的努力。

关于鼓励和表扬，斯坦福大学的教授卡罗尔·德韦克带领团队做过一个分组实验，实验的结论是：无论孩子背景如何、性别如何，在被夸奖聪明后，都很难再承受遭受挫折后的失败感。

她说："鼓励，即夸奖孩子努力用功，会给孩子一种可以自己掌控的感觉。孩子会认为，成功与否掌握在他们自己手中。反之，表扬，即夸奖孩子聪明，就等于告诉他们成功不在自己的掌握之中。这样，当他们面对失败时，往往束手无策。"

最后，需要了解孩子的长短板，据此制定战略和战术。

印度电影《摔跤吧，爸爸》里，爸爸是女儿学习摔跤的教练，他虽然不像女儿所在的国家队的教练那样，拥有国际视野也懂得很先进的训练方法，但是在一次重大国际比赛上，当国家队教练让孩子采用"防守"的方法保名次时，他却让女儿"进攻"，从而赢得比赛。这正是因为他从小训练女儿，一步步走上摔跤之路，深深地了解女儿的优势在于进攻。

所以，在孩子的教育之路上，如果只停留在做陪孩子写作业的严监工，效果是非常有限的。

如果家长能成为一个好教练，在为孩子制定基本原则后，根据孩子的优势和劣势，制定目标、规划和策略，鼓励孩子付出努力，那么，孩子就能发挥出更大的潜力。

◇ 一点思考

在虎妈式教育上，如果我们没看到关键的拼图，没看到全景，就去学习虎妈式的严苛监工，是盲目而危险的。

让孩子学，比自己学难多了。

做一个好教练，需要做到：

1. 和善而坚定；

2. 要鼓励，而不是表扬；

3. 了解孩子的长短板，据此制定战略和战术。

不管全职还是在职，都是一个好选择

“比起上班，带孩子辛苦多了。”

很多人，包括很多女性，对劳动妇女的定义有一些误解，认为职业女性才是劳动妇女。

其实，家庭主妇或全职妈妈，她们也是劳动妇女。

带孩子、做家务、照顾家庭，劳动量和辛苦程度丝毫不逊于职业女性。

霞是我原先就职的世界五百强公司的同事，一直是一个勤奋敬业的职业女性，为了工作，几乎投入了全部的个人时间，连男朋友都没有时间找。

有几年没和她联系，最近加上她的微信，赫然看到她的头像换成了一个快乐的妈妈和两个可爱孩子的照片。

我问她的现状。

她说：“我离开公司一年了，全忙孩子啦。”

我问：“那你还在别的地方上班吗？”

她说：“不上了，现在每天都被两个孩子弄得鸡飞狗跳的。”

我又问：“上班那会儿你天天加班，也很忙的，和上班比，你觉得带孩子的工作量大还是上班的工作量大？”

她说：“比起上班，带孩子辛苦多了。”

自从小布丁开始准备幼升小，我妹妹对拓展新业务就不太上心，只是维护一下老客户，去公司也是晚到早走。

以前没有孩子时，她把 90% 的时间和精力放在事业上，10% 的时间和精力放在家里；而现在，她把 40% 的时间和精力放在事业上，60% 的时间和精力放在布丁身上。

不仅仅是时间和精力，还有资金投入。她对我说：“一年算下来，课外班啊、钢琴课啊、英语网课啊，再加上一年还要出国一两次进行钢琴比赛交流，光是教育费用，至少十几万。”

有朋友看她时间比较灵活，家庭和事业平衡得很好，劝她抓紧要个二胎，她苦笑道：“带布丁一个孩子我都快累死了。”

妹妹说：“开公司和养孩子都是事业，现在我觉得养孩子更重要。怪不得现在这么多妈妈都全职了，布丁幼儿园班上有三分之一妈妈都不上班的。只是我的公司不开不行，还要给布丁赚补习费。”

越来越多的全职妈妈

我也感觉到身边的全职妈妈越来越多，花生三年级前，班上只有寥寥几个全职妈妈，到了准备小升初的阶段，一下子增加到十来个。

除了小升初的压力，家庭情况变化也催生了全职妈妈。

我身边有两个朋友：一位妈妈，本来对工业自动化专业很感兴趣，还考了在职研究生，但是意外地怀上了二胎。她很想要孩子，但苦于自己不年轻了，实在没有精力兼顾学业，就放弃了这个读书机会。另一位妈妈，本来已经快升职了，不巧家里老人生病住院了，又要照顾老人又要带孩子，所以只好辞职。

剩下的那些妈妈，也有不少在纠结，那些不纠结的，要么是孩子有直升优质初中的机会，要么是家里必须靠自己上班挣钱。

我的一位女同事，曾和我在一个部门，她是名校毕业生、公司中层经理，非常能干，在公司里独当一面。

她的孩子比我的大两岁，在孩子还小的时候，她也和我一样，又上班又带孩子，努力维持事业和家庭的平衡。

但当孩子到了四年级的关口，别说辅导孩子功课没有时间，就是每天接送孩子去辅导班，也和上班时间发生了严重的冲突。于是，她在我之前就辞职回家了，从一个职场精英变为家庭主妇。

她把自己专注、严谨和细致的工作作风带到了育儿上，还是很成功的：孩子在西城区最好的小学上学，之后顺利进入西城区“四大金刚”中学之一，品学兼优。写得一手好字，获得全国一等奖，体育也很棒，是校女子足球队主力，是我们眼中名副其实的牛娃。

在各位妈妈羡慕的目光中，她也有自己的烦恼。一次聚会吃饭，她坦言：做全职妈妈压力很大，孩子也有压力，毕竟自己把注意力都放到孩子身上了。孩子进入初一后，有点儿青春期的叛逆，自己的学习方法不够高效，却拒绝家长的指导。每到周末，她忙碌得就像一个滴滴司机，载着孩子从北京西城到海淀或东城，参加各种辅导班……

有意思的是，她很羡慕我，虽然我在为花生小升初的不确定而烦恼，但我至少还在做自己的事情——做公号、写文章，虽然在商业上不成功，但好歹也保留了一块自留地，就算当个兴趣爱好吧。而她，几乎把全部的精力都投入到家庭和孩子身上。

其实，我做公号写文章，也是辞职后利用白天难得的空余时间来做，后来，我发现这还让我拥有了一个绝佳的借口：人家问我是不是全职带孩子？我说我的主业是写文章。人家问我是不是在做公号？我说我其实是一个家庭主妇。

这样一来，我两边的压力都不会太大……

谈谈全职妈妈的技术含量

在这个时代，做一个全职妈妈，并不比上班技术含量低。

很多人上班，都是老老实实地守着一个岗位，日复一日地做着单调重复的工作。

而一个全职妈妈，一定是身兼多职、挑战巨大：她可以是大厨、是司机、是买手、是说书人、是财务主管、是家庭医生、是艺术指导、是运动教练、是情报搜集员、是语数外全科老师、是心理辅导专家、是人生规划师……

如果孩子争气，那么全职妈妈还是比较有成就感的。但是育儿和工作不一样，特别在学习成绩上，不见得有一分投入，就一定有一分收获。

还有些陪读妈妈，因为过分地贴身紧逼，孩子出现了叛逆、抑郁等问题……

如何培养出一个不仅学习好，身体和品格也好的孩子？

如何在亲密陪伴的时候也能保持合适的界限？

什么事需要放手，什么事需要管理？

什么时候需要授权，什么时候需要指导？

如何设置合理的目标，同时还要降低心理预期？

……

不得不说，陪读，是异常复杂的艺术，也需要极高的自我修养。

家庭主妇或全职妈妈陪伴教育下一代、照顾老人、关爱家人，其重要性丝毫不逊于职业女性。有时候，一个上班的职业女性很容易被别人替代，但是作为一个妈妈、一个主妇，却是无法替代的。

至于做家庭主妇或全职妈妈的弊端或风险，大多观点都在质疑她们的“独立”。

经济独立是很重要，但是这并不代表，每个家庭成员就一定要靠自己去赚钱养活自己。家庭需要分工，老人和孩子需要照顾，如果不顾家里的实际情况，每个成员都要求经济独立，就很有可能变成一种浪费和低效，也不能满足家人的实际需求。

女性的成功由什么定义？

在公众号“奴隶社会”五周年庆典上，我的朋友康妮（Connie）和非非马的谈话节目里，谈到一个关于“什么是独立女性”的话题。

有听众问了一个问题：

“在当下这个社会，怎样定义一个女性的成功，或者一个女性有价值？”

康妮说：“一个女性的成功，或者说任何一个人的成功，首先是，你的内心是充盈的。如何定义充盈？你对自己做的事感到骄傲，你对自己的生活状态感到满意，你在每天的生活中感到幸福，你在和你周围人的相处中感到愉悦，你对周围的人有正向的影响力。”

非非马则说：

“这是一个很好的问题，也是一个有问题的问题。在你问这个问题时，你就先入为主地判定，成功是有标准的。在我们国家的应试教育中，几乎所有的问题都是有标准答案的。但是，人生并非事事都有标准答案。

"在我们判断一个女性是否成功、是否独立的时候，会面临来自各方的压力：经济的压力，社会的压力，别人眼光的压力。

"如果你总是屈服于外界的压力，在乎别人的眼光，即使你在上班，即使你经济独立，很遗憾，在精神层面，你还不是一个独立女性。

"因为，这还是任凭别人、任凭外界规定你的人生。你的人生应该由你自己定义，因为，这是你独一无二的人生。这才是一种真正的独立。"

我非常赞同她们的回答，我的想法一直也是：只要一个女性拥有自由选择的权利，能为自己的人生打造一条道路，不管是全职还是在职，不管是"退"还是"进"，只要做出符合自己内心的选择，都是一个好选择。

成功女性，独立女性，没有标准答案，答案只在你自己心中。

让我们活得内心充盈。

◇ 一点思考

在这个时代，做一个全职妈妈，并不比上班技术含量低。

陪读，是异常复杂的艺术，也需要极高的自我修养。

家庭主妇或全职妈妈陪伴教育下一代、照顾老人、关爱家人，其重要性丝毫不逊于职业女性。有时候，一个上班的职业女性很容易被别人替代，但是作为一个妈妈、一个主妇，却是无法替代的。

经济独立是很重要，但是这并不代表，每个家庭成员就一定要靠自己去赚钱养活自己。家庭需要分工，老人和孩子需要照顾，如果不顾家里的实际情况，每个成员都要求经济独立，就很有可能变成一种浪费和低效，也不能满足家人的实际需求。

只要一个女性拥有自由选择的权利，能为自己的人生打造一条道路，不管是全职还是在职，不管是“退”还是“进”，只要做出符合自己内心的选择，都是一个好选择。

成功女性，独立女性，没有标准答案，答案只在你自己心中。

>>>

第三章

养孩子就像开公司

· · ·

现代社会就是一个不断外包的过程，外包也是一个分工专业化的过程，花钱让更专业的人做更专业的事，把自己解放出来，去做自己擅长的事，是一种更高效的资源利用和配置。

教育也是一种经济学，没有几个家庭能做到一掷千金不计回报，所以教育的性价比是非常重要的，有钱也要花在刀刃上。

作为孩子的 CEO，我好像失职了

第一次六小强海选，成了我们的一日游

在培养小布丁的过程中，我妹妹有句名言：

> 养孩子就像开公司，家长就是 CEO。培养奥运冠军还要一个团队，培养牛娃同样需要整个家庭的投入，不管是金钱、精力还是时间。

她要是早点儿说这句话就好了。

因为我发现，作为孩子的 CEO，我好像失职了。

花生五年级升六年级的暑假快结束时，我接到机构的电话，说明天有一家六小强学校要考试，让我们去拿准考证（注：现在机构输送名额被禁止了）。

那是一个周六上午，考点在海淀区知春路边上的一个成人学校，据说录取人数一共 100 出头，可是却来了近千名孩子，乌泱乌泱的，院子里都站不下了，维持秩序的保安要求孩子排队，队伍都排到了校门口。

孩子都是家长陪同来的，不少还是开车来的，都停在路边，造成

知春路路口的拥挤。出租车堵在那里，司机走出来张望，抱怨说不知这儿发生了什么事，平时都挺通畅的，今儿周六一早却这么堵……

到了中午，分散在附近咖啡厅、快餐店、路边树下蹲点的家长都回到了校内，等着考试结束。按照考场顺序，一个教室一个教室地解散，花生的考场排在后面，过了好一会儿他才出来。我也像其他家长一样迎了上去，问他考得怎么样，难不难。

花生说还好，一共考了 2 小时，数学 1 小时，语文和英语加起来 1 小时。数学题和平时做的奥数题比起来，不算太难，但后面大题来不及做了，最后两道题只写了几个步骤，没做完。

我心里咯噔一下，但还是在脸上摆出了一个笑容说："没关系，考完就好，我们吃饭去。"

我一边走，一边问他："英语和语文考了什么？"

花生说："英语不算太难，但没有选择题和填空题，就是几篇阅读理解，时间很紧张；语文考了些古诗词和古文常识，有些是我们准备过的，作文时间也太短了，真是乱写的，来不及了只好赶紧收尾……"

我问他作文题目是什么？

他说："《我眼中的完美》。"

"那你写了什么呀？"

"嗯，我写了完美的生活就是住大房子，有一份好工作，可以经常吃美食和出去旅行，我也记不清了，反正好像是写了这么点儿东西。"

我心里一下子凉透了……

对于小升初作文，说实话我们也是有备而来的。

这个暑假，除了做语数外三科的小升初真题，花生每周也至少写上一篇大作文，一篇小作文。其中有一篇题目是《我最喜欢的……》，写的是他对篮球的喜爱，以及通过不断练习，水平得到提升的过程，我还提了一些修改意见，他也认真改过。

我问花生："为啥不写打篮球呢？我眼中的完美，可以是生活，可以是人，也可以是一项爱好啊。对了，写你欣赏的姚明也行啊，他的篮球技术、他的刻苦努力、他做的慈善公益，都是一种完美啊？"

花生眼睛望向空中，若有所思，说了一句："考试时间太紧，我没想到……"

想都不用想，这样的作文肯定没戏。初试结束，也就没我们什么事儿了，只能算是花生人生中的"六小强一日游"。

感觉有点儿"坑人"的坑班

六小强竞争超级激烈，孩子要么出众，要么就只能出局，留给我们的机会不多了。但是，我没想到的是，就连我们的保底目标——本校的初中部也不是好啃的骨头！

六年级开始了，花生学校初中部的坑班开始招生，一共要招 10 个班，共 200 个人。出乎我意料的是，报名的有近千人。

一开始还算顺利，花生考进了坑班，但是紧接着，噩梦就开始了。

从 10 月份开始，坑班每周六集中学习一天，语数外三科都有。每个月有一次月考，数学占 50%，语文、英语占 50%，考完按照名次重新分班。

也就是说，在 200 个人中，你如果考前 20 名就是 1 班，如果考倒数 20 名内，就要被分到 10 班。

而学校会从坑班录取多少人呢？在前面一年，10 个班最后录取了前两个班，也就是说 200 个人里挑 40 个人，这意味着，想进这所学校的初中部，花生几次月考的平均排名，必须进入前 40 名。

在试题中，英语大多是科技文章阅读，相当于中考水平；奥数的难度很不一般，怎么说呢？和六年级奥数比起来，初三数学还真是简单。

我随便找了两道坑班的奥数题，大概就这个水平。

奥数题一：

甲骑摩托每小时行驶 36 千米，乙步行每小时走 4 千米，丙步行每小时走 3 千米，他们同时从 A 地出发到 B 地，为了三人同时尽快到达，甲用摩托车分别接送乙、丙行驶一段路，这样丙步行 8 千米，A、B 两地间的路程是多少千米？

奥数题二：

一条小虫从长为 3 厘米的橡皮筋的一端开始，以每秒 1 厘米的速度爬行，1 秒钟后，橡皮筋被均匀地拉长到 6 厘米，再过 1 秒钟，又被均匀地拉长到 9 厘米，如此继续下去，这条小虫爬到另一端需要多少秒？

每周花生把坑班的学习资料和作业拿回来，我也都学习一遍，给他找相似的题型或文章做拓展练习；同时还找了一位有经验的、针对这个坑班补习的奥数老师，上了一个一对三的小班。

每周，奥数老师会布置 20~30 道题目，花生做完，我拍照发给老师。第二天老师批改，做错的题会给我发语音讲解。老师语速很快，加上有些题比较难理解，我有时要听好多遍才能明白。我先自己消化了，再尽量用花生能理解的方式讲给他听。

我越做题心越累，觉得好难，我心想，其他学生也一定会觉得难吧。

没想到的是，就这么一个普通学校的坑班，牛娃也不少，第一次考试，花生只能分到 7 班。

如果这个保底校都进不了，等待我们的命运，是不是只有老老实实接受摇号派位了?

虽然感到很无望，我还是鼓励花生：“我们现在没考好，是因为我们以前付出的没有别人付出的多，他们都是从一二年级就上奥数的，从三四年级就拼命刷题的，而你呢？一直都在开开心心地玩。我呢？没有重视你的成绩，也没陪着你做题复习。所以，这个结果也是公平的。现在我们只能看到自己的不足，做好自己能做到的事。”

我又说：“万一奇迹发生了呢？还有一种可能，就是很多同学在坑班是找个保底校，如果能拿到更好的学校的入场券，可能就会放弃这个学校，那你就会在候补名单上了。”

我不只说了这些激励的话，还说了一句相当安慰的话：

“有句话，叫作因上努力，果上随缘，我们自己要尽力——虽然我们尽力得有点儿晚了，但是现在尽力也比一点儿不尽力好，这是个态度问题，以后做什么事都要有这个态度。至于结果怎么样，也就随缘吧，安心接受就好。”

之后，我们继续努力，花生的班次也一直在前进。

最后一次考试，花生发挥得还不错，但是在入选名单上，找不到他的名字。

我问学校的老师，老师说孩子最后一次的确有很大进步，但是前两次考得太差，所以平均分还是低了。

我又问：“这 10 个班，最后有多少人进入本校初中部？”

老师对我说：“今年只有一个班。”

读了花生的心里话，我的佛系都抛到了外太空

从 2016 年到 2018 年，整整两年，花生上过 3 种奥数补习班，每

周5次外教课，还补过大语文，拿过一个奥数竞赛奖，之后辅导班老师好心地告诉我们二等奖等于没有奖；公立寄宿、民办学校加起来投过11次简历，都如石沉大海杳无音信；参加过两次目标校内部的选拔考，我认识的5个家长都报喜说接到体测密电，一个月后我的手机却还一直静悄悄的，仅有的几个打进来的电话，不是推销辅导班就是卖学区房的。

我拉黑了学区房的推销电话号码——太不专业了，不知道六小强没有学区房啊?!

- 密电，也缩写为MD，小升初的术语之一，和点招DZ、早培ZP一样，在海淀区尤为流行。密电指的是学校表明录取意向的电话通知——招生老师给家长若无其事地打个电话，说可以参加体测或邀请孩子来学校参观。

我们这里悄无声息，花生的同学却是喜报频传，有两个同学分别凭借美术和体育特长进了清华附中，还收到了首师附中的邀请。阿迪虽然没能进人大附中，却进了人大附中分校。花生最好的朋友阿洋，在登记入学时，中签本校的初中部，他拿这个保底，继续冲刺人大附中。

只有花生没有任何着落，还在漂着，虽然表面上没有流露出特别沮丧的神情，他却越来越沉默。

直到花生给我看了一篇他写的日记，我才了解到，强撑平静的外表下，他那曲折的心路历程：

六年级上学期时，在知道了我们学校初中部的坑班制度时，我便开始把目标降低一点，从六小强改为了区重点——我给自己设定的保底学校。谁知，报名人数和难度也超出了我的预料，加上自身实力的不足，即使我妈在这段时间里陪我拼尽全力去复习，经过一个学期的竞争，我最终还是没能“入坑”。

经历了两次失败后，通过考试来择校的机会也越来越少，加之一份份简历如石沉大海，我心里的落差一下子变得特别大，因为我深知给自己的机会已经所剩无几了。以至于平时去学校上学时，都不好意思跟人提起自己的中学还没有着落。每每听到同学们七嘴八舌地讨论自己怎样被 ×× 附中、×× 学校什么的重点中学录取，而自己却要静静等待命运的判决，我的心情更是从晴朗的天空掉到阴暗的谷底。

不仅是我，我的爸爸妈妈跟其他家长讨论升学问题时，也显得十分无奈、苦恼……

看到这里，我所有的佛系都扔到了外太空，我不仅焦虑，还很后悔，要是早点儿鸡血该多好！这样我们就不会这么被动了。

作为孩子的 CEO，我实在太不合格了。

◇ 一点思考

养孩子就像开公司，家长就是 CEO。培养奥运冠军还要一个团队，培养牛娃同样需要整个家庭的投入，不管是金钱、精力还是时间。

给孩子一年花的钱，够买 10 个铂金包

只有为了孩子，中年人才大手大脚

除了“家长就是孩子的 CEO”，我妹妹还说过一句大实话：

> 养孩子就像开公司，前期就是要不断投入，没个几百万肯定搞不定。

妹妹每年花在布丁身上的钱，的确说明了这一点。不过平心而论，从绝对值来说，她的育儿投入是比一般人高不少，但是如果考虑到她的收入，其实支出收入比还是合适的，甚至可以说算低的。

我身边有一些家庭，在孩子身上的花销，不管从绝对值还是相对值衡量，都有点儿惊人。

我有个女友，自从有了孩子，风衣从 Burberry（博柏利）降维到 Zara（飒拉），内衣从 CK（卡尔文·克莱恩）改为优衣库，还要趁打折才买，但她在变得神经质般节俭的同时，给孩子花钱却异常强悍，拦都拦不住。

孩子小时候，童车要买梅根同款 Bugaboo（博格步）的，奶粉要

让各位亲友从澳大利亚背回来；孩子稍微大一点儿，进口绘本动不动就 4 位数人民币一套，钢琴要原装的 C.BAER（贝洱），带孩子去迪拜的亚特兰蒂斯皇家俱乐部房一住四晚，就差全家来回商务舱了……

幸亏孩子学的不是小提琴，不然斯特拉迪瓦里了解一下。

到了上幼儿园，给孩子报班，更是势不可当。钢琴大师课 1500 元一小时，数学思维课、英语课一对一，芭蕾课、马术课一起上，幼儿园老师刚说孩子有幅画色彩感不错，二话不说立马请了个美院的副教授当老师，一次辅导费就要 2000 元。

在消费上，中年人只会对自己小气，涉及孩子，就会变得大手大脚，气势如虹。

我还有个朋友，学霸女儿上了初中。前段时间和她一起吃饭，她一边和我抱怨说自己有 5 年没添置新衣服了，一边随手报了个美国约翰·霍普金斯大学明年的 CTY（美国天才少年中心）天才营考试，还说 3 周 4200 美元的学费真便宜，就是准备考试的培训班有点儿小贵！

如今的中年妇女，对名车、名表、名牌包包都免疫了，唯一痴迷的名牌，就是名校了。

这两年，企业老板对我说经济不好，生意不好做，拉不到投资；投资人对我说经济不好，没好项目，投啥啥亏。

而身边做妈妈的，没一个说经济不好的，只会说：为啥我一个大师辅导班报晚了几分钟，名额就抢完了呢？为啥我带孩子去英国去美国游学，感觉自己还在国内——因为身边都是中国妈妈和中国孩子！

稀缺的不是金钱，而是有出息的孩子

花生还在上坑班的时候，我给花生加了一个数学补习班——现在的补习班服务真是太细致了，都细分到针对某个学校坑班的小升初了。

课程内容讲的自然是奥数，算是便宜的，一周只要上一次课，2小时300元。

本来是1对10，因为教室小坐不下，用的是海淀区的居民房。所以，数学老师只好又开了一堂课，变成1对4了，我当时感觉真是赚到了。

那个当作教室的居民房在北京四环外，因为靠近“宇宙中心”五道口，所以房价也要10万元一平方米。一个小三居，每个房间都被开辟成了教室。

最小的那个房间，大约只有6平方米，坐着个戴黑框眼镜梳马尾辫的中年女老师。每次花生上课时，这个教室都会进来一个身高两米的少年。

他一进来，女老师就和他哇啦哇啦说英语。两米少年不怎么说话，基本都是女老师在说。

后来打听了才知道，这个少年16岁，是青年篮球队的，想去美国打篮球，所以恶补英语。两小时的1对1，要1800元，一周两次，每个月花费将近15000元。

补课费哪里来？当然是家长出的。

我顿时感觉有点儿亏了：我当年毕业明明可以去当大学英语老师的，却嫌钱少不去，去了大公司，现在想哭都来不及。

看看人家英语老师一周上4小时，就能赚不少。如果不怕辛苦，一周上40小时，不就月入十万、年入百万吗。这份工作除了时间、体力以及租赁场地费，不需要任何其他投入，风险全无。

以前，在陪花生补课的间隙，我还会去咖啡馆坐坐。现在在居民楼补课，周围没有咖啡馆，也没有奶茶可以点，加上要省钱，我都是自带保温杯，泡着菊花和枸杞茶，坐在教室外的沙发上拼命刷手机。

有时候我也会和等待的妈妈聊聊天，八卦一下。

其他妈妈关注的重点都是，别人的孩子是如何赢在起跑线上的，一个女孩的妈妈说："我们隔壁的依依妈妈，和我们家西西一个年级，但是人家可会规划了，目标就是人大附中，从一年级开始就给依依报了奥数班，补习大语文，上英语外教课。"

我想到的重点却是，别人的孩子是如何花钱在起跑线上的："这样的话，岂不是已经上了 5 年半的课外班，这样下来，少说也花了 40 万吧？"

"何止啊，人家还培养文艺特长呢，拉小提琴，一对一，一年至少又要多花 10 万。"

"哇，读个小学就要 100 万哦。"

"100 万算什么?!"西西妈妈瞥了我一眼，不知道是不是在心想哪来这么抠门儿的妈，"就是花上个 1000 万，培养个有出息的孩子不比什么都重要?!"

果然帝都的妈妈就是霸气啊。

现如今，房子不稀缺，金钱更不稀缺，稀缺的是有出息的孩子啊。

千万不要低估一个家长愿意花重金投资孩子的心。

"你不行，我上！"

我有一个同学，孩子在考美院，专业课没太大问题，谁知学习实在太差，第一年就败在了文化课考试上。

孩子落榜后，朋友一狠心，语文、数学、英语、历史、地理甚至连政治都请了一对一的老师，每天补两门课，大半年下来，花了 60 来万。

朋友吐槽："养个小孩真不容易，一年上的补习班，够我买 10 个爱马仕包了，还是铂金包。"

比起培养学习"专长"，培养艺术专长是一个更烧钱的项目。

博主和菜头曾讲过一个励志故事：

妈妈带着孩子学钢琴，孩子学不进去，妈妈只好在一边学，学会了回家辅导孩子。最后孩子还是一窍不通，但妈妈默默学会了，并考上了国外的音乐学院，拿到全额奖学金。

故事的结尾是：妈妈坐上飞机去追求她早年的音乐梦想，再也没有回来。

我觉得，这个故事可以讲给家里学钢琴的小孩听。

Improbable（英礴）是一家在英国成立仅 5 年的公司，在 B 轮拿了 5 亿美金融资后，一跃成为 VR 虚拟现实行业新晋的独角兽公司，估值超过 10 亿美金。这家公司的初创团队里，有一位来自中国的年轻小伙，剑桥大学计算机专业毕业的赵一帆。

这个励志故事的重点不在赵一帆，而在赵一帆的妈妈。

赵一帆怎么会从中国去英国读书的？赵一帆的妈妈是一个英语老师，赵一帆初二时，他的妈妈考取了英国外交部创立的全球奖学金项目，所以才带着赵一帆一起到英国读书。

在利兹大学读完硕士后，赵一帆的妈妈并没有回国，而是又攻读了一所大学的博士学位，所以，赵一帆才得以继续留在英国读了高中，这才铺成了他通往剑桥大学之路。

所以，妈妈学习好，又有空钻研学问，家里真是赚到了，不光每年能省下好几万元补习费，而且还很有可能在无意中造就新的学霸呢。

读书这件事，既然引入竞争机制，就干脆做得到位些，不仅要和别人家的孩子比，还要和自己家老妈比。

希望朋友的孩子能顺利考上，更希望朋友能把这两个故事讲给她的孩子听，再加一句：

“你不行，我上！”

◇ 一点思考

千万不要低估一个家长愿意花重金投资孩子的心。在消费上，中年人只会对自己小气，一涉及孩子，就会变得大手大脚，气势如虹。

如今的中年妇女，对名车、名表、名牌包包都免疫了，唯一痴迷的名牌，就是名校了。

课外班的本质是外包，性价比很重要

海淀黄庄没有假期

海淀黄庄是没有双休日的。到了周末，不管是坐地铁还是开车，黄庄的交通比工作日还要拥挤。中关村购物中心和欧美汇的餐厅都是人满为患，稍微晚点儿就要排起长队，一大半都是带着孩子的家长。

如果你逮到一个家长问他（准确来讲，绝大多数你逮到的都是她）来黄庄干吗，10 个家长里有 9 个会回答你，来黄庄补课。

黄庄地铁东北出口的海淀剧院，停车场能容纳上百辆汽车，90% 的车主不是来看电影的，而是来接送孩子。有从海淀其他地方来的，也有从不算太遥远的西城和朝阳过来的，还有从顺义、通州等穿越大半个北京城过来的。

我有一个朋友是顺义妈妈，她给孩子的规划是爬藤，上的是学费将近 30 万元一年的国际学校，也加入了周末黄庄补习大军。我想不通：孩子既然要出国，干吗还要跑这么远来黄庄补习语文和数学？她回答我说："国际学校语文和数学都不如海淀学校抓得紧，出国前我想让孩子把基础打牢。"

海淀黄庄顶着"全宇宙补习中心"的光环，有全中国市值最高的两家教育集团总部——好未来（原名学而思）和新东方。除了这个共同点，好未来创始人80后的张邦鑫和新东方的俞敏洪还有三个共同点：第一都出生于江苏农民家庭，第二都读过北大，第三都当过家教。

2003年的“非典”对于北京是一场灾难，却让黄庄的“学而思”起飞。“非典”期间中小学大规模停课，张邦鑫只好关闭数学线下辅导班，转战线上成立了“奥数网”，使得“学而思”一成立就具备了新东方所缺乏的网络基因。这一年，也在某种意义上成就了黄庄的人大附中：刘彭芝校长开全国之先河，在“非典”停课期间让老师通过网络向在家的学生授课，并且免费向全北京开放网课。2003年，人大附中的高考成绩非但没受到疫情的影响，反而取得很好成绩，就此成为全北京甚至全国教育的一面旗帜。

好未来和新东方体量虽大，却不能垄断黄庄的培训版图，各种课外班都在黄庄野蛮生长，既有辅导机构，也有个人的辅导班——家长口口相传的所谓定制班、名师班。这些辅导班不仅分布在写字楼里，还隐藏在黄庄各个居民区。

黄庄既没有双休日，也没有假期，不管是办公楼还是居民楼，最终都变成补习班。

课外班的目标：花钱让专业的人做专业的事

为什么这么多家长会把孩子送到课外班？肯定是想让孩子受到更好的教育，不管是海淀黄庄这种偏应试的补习班，还是偏兴趣培养的课外班。

虽然家长的愿望是一样的，但课外补习班或是兴趣班的流行，还是大致分为三种不同的家庭情况：

家长不忙，但是自己没能力辅导；

家长有能力辅导，但是自己很忙；

家长既忙，又没能力辅导孩子。

我原来在外企工作时的经理，现在管理着全公司最大的产品部，他爱人是一个大科技公司的副总，两个人都很忙，他俩到40岁才有孩子，非常宠爱孩子。但作为大公司高管，又还年轻，经理也不可能就此在职场上急流勇退，他最多是调整一下节奏，以前工作占90%，生活占10%，现在调到工作占70%，生活占30%。

经理原来出差一去就是一周，现在缩短到三四天，这样就可以周末在家里陪陪孩子。

即使是这样的调整，加班和开会还是常事，孩子怎么管?

他们花了1万多请了一个高端育儿嫂，负责照顾孩子饮食起居。同时给孩子报了很多兴趣班，英语、武术、舞蹈、围棋、绘画、书法、乐高、思维训练等，育儿嫂负责接送。比较远的地方怎么办？叫专车接送。

后来，孩子考上了一个很好的国际学校，在顺义，离他家有十来公里，他就又找了一个司机，包了一辆车，每天负责接送。

孩子培养得不错，身体好，学习好，能歌善舞，“文武”双全，领导力也很强。

工作很忙的父母，虽然不能长时间陪伴孩子，在教育上也很少亲力亲为，但他们会采用我经理这种方式——教育外包。

现代社会就是一个不断外包的过程，外包也是一个分工专业化的过程，花钱让更专业的人做更专业的事，把自己解放出来去做自己擅长的事，是一种更高效的资源利用和配置。

教育也是这样，如果你觉得工作比陪孩子能产生更大效益，或者说感觉自己不擅长陪孩子，也不擅长教孩子，安排外包，把孩子交给别人带或者交给别人教育，也没有太大问题，在某种程度上还能维持更好的心态和亲子关系，把孩子培养得更好。

有钱也要花在刀刃上

只是，外包也是一项技术活儿，是花钱让更专业的人做更专业的事。在这句话里，花钱和专业是两个重点词。

如何花钱？花多少钱？怎样才叫专业？有多专业？

其实这是一道数学题，就是花多少钱换回多少专业的服务，也就是我们说的投入产出比，或者再说得通俗一点儿，就是性价比。

教育也是一种经济学，没有几个家庭能做到一掷千金不计回报，所以教育的性价比也是非常重要的，有钱也要花在刀刃上。

我妹妹是公司老板，收入是我的 10 倍都不止，因为忙和收入高，她倾向于多报班。我发现，越是老板，越是收入高的家庭，反而更重视性价比，也愿意花时间花精力去研究性价比，或许这正是他们能成功的一个重要因素吧。

小布丁的课外班，除了一个我觉得很可疑的专注力培训班，其他课外班虽然一开始我觉得妹妹报多了有点儿疯狂，但是仔细分析下来，好像每一个班的性价比都是挺高的。

比如说小布丁上的钢琴课，妹妹没去胡乱请大师，而是找了个知名音乐学院毕业，本人却没有什么名气的老师，同时这个老师也非常注重启发孩子的兴趣。

这就是性价比很高的选择。为什么？

知名音乐学院毕业，意味着她是钢琴界的学霸，是从人群里选拔出来的，又经过了严格的科班训练。一般来说，孩子在乐器入门阶段时，老师的专业水平要比名气更重要，因为只要练好基本功，不跑偏就可以了，有名气反而是一种浪费——这种高阶的功能暂时用不到，只会增加不必要的成本。

那么，为什么善于启发孩子兴趣，也是一种高性价比的体现呢？

不少钢琴学到一半放弃的孩子，都是因为老师一开始只讲严格、只讲手法，不注重启发和保护孩子的兴趣。一旦放弃，家长前面买的钢琴和课时费就成了沉没成本，都打水漂了。

只有小心翼翼地保护孩子的热情，进行可持续性的培养和发展，这样的性价比才是最高的，前期所投入的成本也才可能成为一种积累，产生应有的效果。

如何选择培训机构？我的 3 个建议

现在的教育培训行业非常热闹，也有很多比较专业的机构，只是，趁着风口一拥而上，难免也混入并不那么合格的机构和老师。

按照目前校外教育培训机构的数量来说，其实并没有这么多有经验的老师去匹配。在一些机构里，有做出纳临时考了个教师资格证改行当语文老师的，有旅行社的前台摇身一变成为英语老师的，也有本来学语言专业却拿起圆规和三角尺临时充当数学老师的。

甚至很多机构的老师都没有教师资格证。如果看一下全国的数据，校外培训机构超过 40 万家，聘请老师将近 800 万人，其中拥有教师资格证的有多少呢？不到 25%。

至于那些不教语数外，而是教专注力、领导力或者艺术启蒙的，更是连教师资格证都不需要考虑，拉一群人马就可以开始授课。某些标榜配备美院音乐学院老师的艺术培训机构，其实一些老师只是在校学生甚至短训班的学生。

还有外教，这也是一个比较混乱的地带，不要随便迷信。

我有个表妹，在国外留学时认识了一个法国留学生，两人结婚了，她跟老公去法国不好找工作，于是他俩就一起回中国发展。表妹英语比她老公英语好，但是两人一起去应聘一个幼教机构时，她的法国老公被聘用了，她却落选了。原因就在于，她是中国人，而她老公长了一张外国脸，可以对外声称是外教，也不用太在乎他的母语到底是不是英语。

作为一个忙碌的家长，其实是没有太多时间和精力去一一甄别各家机构和教师的。那么，如何选择性价比高的课外班呢？根据自己和身边人的经验，我在这里给出几条建议供参考：

1. 选择大机构。对大机构来说自己的声誉很重要，虽然有时可能也会夸大宣传，但是一般来说信息还是真实的。在大机构推广期价格也比较优惠，可以趁机“薅点羊毛”。

2. 小机构或拼班要靠口碑推荐，自己没时间去选择的家长，可以留意下家长群或朋友圈，其实总有那么几个精明且热心的“买手”，你只要跟着她选择就不会出大错。需要注意的是，你的孩子和她的孩子的不同点，需要根据自己孩子的特点来调整和选择。

3. 选择那些退费容易的机构，能退费一方面表明了这家机构对自己的信心，另一方面万一选择错，或孩子不能坚持下去，也可以降低自己的退出成本。

◇ 一点思考

现代社会就是一个不断外包的过程，外包也是一个分工专业化的过程，花钱让更专业的人做更专业的事，把自己解放出来去做自己擅长的事，是一种更高效的资源利用和配置。

外包是一项技术活：花钱让更专业的人做更专业的事；也是一道数学题：花多少钱换回多专业的服务。说得俗一点儿，就是性价比。

教育也是一种经济学，没有几个家庭能做到一掷千金不计回报，所以教育的性价比也是非常重要的，有钱也要花在刀刃上。

只有小心翼翼地保护孩子的热情、进行可持续性的培养和发展，这样的性价比才是最高的。

具体到选择教培机构，有 3 个建议：

1. 选择大机构；

2. 小机构或拼班什么的要靠口碑推荐；

3. 选择那些退费容易的机构。

教育中的“投资”和“消费”，傻傻分不清

在人的一生中，你永远都无法避免无情的经济学真理。

——保罗·萨缪尔森

教育，你是在投资还是在消费？

作为经济学学士加工商管理学硕士，我很清楚经济学的大大小小概念，但是在育儿过程中，我发现，对什么是“投资”、什么是“消费”，我却分不清了！

我们先来看看“投资”和“消费”的学术定义：

- 投资：指的是特定经济主体为了在未来可预见的时期内获得收益或是资金增值，在一定时期内向一定领域投放足够数额的资金或实物的货币等价物的经济行为。
- 消费（这里指个人）：指人们把生产出来的物质资料和精神产品用于满足个人生活需要的行为和过程，是“生产过程以外执行生活职能”。

经济术语太烧脑，在育儿上，这两个定义翻译成大白话就是：

投资就是为了让孩子获得学历、工作以及未来其他方面的增值和收益，家长投入资金、时间或其他形式的资产。

消费就是为了满足生活需要花费在孩子身上的资金，是一次性的花费，没有未来收益。

或许是我落伍了，有些教育投资我看不太懂

我发现，对妹妹和身边一些家长的“投资”，我有点儿看不懂。

妹妹给小布丁报英语班、数学班、乐高班，请钢琴老师，这些我相信都是投资，虽然远期收益不好说，但是眼下就能看到成效——

可以用英语和老师对上几句话了，会做加减法了，能弹出完整的曲调，按照图纸能搭乐高了。

但是，妹妹听说邻居送孩子去上了个专注力训练班，于是，她也赶紧给小布丁做了个测评，训练班的老师说小布丁在数字专注力和听课注意力上有欠缺，她很爽快地花了 2 万多元买了每周一次的训练课程。

我问：“小布丁专注力不是很好吗？看书一坐能坐一个小时。”

妹妹说：“和玥玥比差远了，人家一坐能坐两个小时。”

妹妹没看到的是，更多的孩子在小布丁这个年龄，只能专注不到 20 分钟。根据医学研究，孩子的专注力一般是年龄乘以系数 3。而且，男孩和女孩有差别，个体和个体也有差别。

我妹妹花的这两万多元，算投资还是消费呢？

我有个学妹在上海，孩子上国际幼儿园，一年学费 25 万元，还在外面花 10 万元上钢琴课和网球课。

国际幼儿园的好处是，提供了英语学习环境，可以省下英语课外班的费用。

我学妹的孩子一周上 5 天学，一名外教、一名中教、一名生活老师，班里孩子一共 15 人，可以说是 1 对 15。如果试着把英语学习换算成英语一对一小班，就是每天 1 节 200 元，相当于一周 1000 元，一个月合计 4500 元。

国际双语幼儿园课程配置比较丰富，还有思维训练课、乐高课等，不过一些公立幼儿园也有。课后还有各种俱乐部，但需要单缴费，这样就算一个月再多省 1500 元，总共每月省 6000 元吧。

那么，这个幼儿园收费 25 万元，一共上 10 个月，平均一个月学费 2.5 万元，减去正常的中档幼儿园的费用一个月 4000 元左右，再减去每月省下的课外班费用 6000 元，还比中档幼儿园每月贵 1.5 万元，10 个月就是 15 万元。

那我学妹每年多花的 15 万元，到底算投资还是消费?

有个妈妈住在西城区，孩子 8 岁，字还没认识几个，她就带着孩子每周从城西跑到城东，去上一个大师的国学课，一个小班十来个人，每节课不到 2 小时，费用 1500 元。

我也试听了一节课，国学大师讲《论语》、讲四大名著、讲中国文化，讲得很不错，但是感觉更适合已经有点积累的中学生甚至大学生，对于没有什么基础的 8 岁小朋友，可能有点儿高深了。

花生的妹妹玉米考过黑管 9 级后，和几个同学去上一个中央音乐学院教授的大师课，1 小时就要 1200 元。上课的形式是一个个来，轮到玉米，大师认真听了 3 分钟，边指点边让她接着吹，辅导大约持续了 20 分钟。而另外一个黑管才考过 6 级的孩子，大师才听了半分钟，就打断了她说："你先回去好好练练基本功，过两年再来找我。"

那么，对这个孩子来说，1200 元一节的大师课是投资还是消费?

每个家长都是“投资人”

带着这些疑问，我去请教这些“投资人”。

妹妹的解释是：“这个说不好的，有些钱的确花出去看不到成效，但是不花又怎么知道有没有效果呢？没有效果，我也认了，算是试错吧。”

原来，她这个叫“风险投资”，也就是VC，风险投资经常需要广撒网，10个项目中有一两个成功的，回报就会数十倍甚至百倍，那八九个失败的，就算试错成本，是可以被投资收益覆盖的。但是如果不愿意冒险试错，收益就只能为0。

我学妹则这么说：“国际幼儿园很难选，有些幼儿园只是挂了个国际的名头，找了几个老外充门面，其实也没有高水平，这样反而会耽误孩子。那么，选市面上品牌最好的，肯定会贵很多，奢侈品嘛，但总归会放心很多。你没看到，嘉嘉现在不仅英语好，性格也外向了很多！”

在经济学里，功能差不多的产品，一个产品如果能比它的竞争品牌卖出更高价格，称为品牌的溢价能力。还有一种特殊的商品，当价格上升时反而变得更受欢迎，比如具有投资需求的房产或是奢侈品，这就是著名的“吉芬商品”。消费者追逐奢侈品并接受产品溢价，是因为奢侈品给了他们更大的安全感和自我满足。

而且，在信息不对称的情况下，有时候质量是通过价格反映出来的，所以，学妹说：“贵肯定有贵的道理，能上这个幼儿园的家长，都是有经济能力的，又不傻。”

西城家长和玉米的同学家长说：“反正平时也这么多钱花出去了，大师平时接触不到，能听还是听一下，厚积薄发，万一大师刚好能让孩子开窍呢？”

在宏观经济学里，有一个乘数效应理论：是指经济活动中某一变量的增减所引起的经济总量变化的连锁反应程度。家长花钱，有时候也是追求这种乘数效应，增加在大师课上的钱，万一能引起连锁反应，打通孩子的任督二脉呢？

教育投资也需要理性

听了这些家长的心里话，我认识到，在教育上，家长给孩子花钱，其实都抱着“投资”的良好愿望，但最后到底是成为有回报的“投资”，还是打水漂的“消费”，其实他们心里也没数。

还有，就是在送孩子出国留学的问题上，以前家长大多抱着投资的心态，觉得国内考清华、北大太难，在国外上个 Top100 的大学倒还容易实现，作为名校毕业生也能获得丰厚的收入和光明的前景。但是随着这几年归国留学生的剧增，留学投资带来的“回报率”也越来越低：在投入上，国外学费逐年上涨造成留学成本越来越高；在产出上，海归的收入溢价已经渐渐消失，而由于国内高校毕业生在人脉资源上的优势，在很多用人单位“海归”反而不如本土毕业生更受欢迎，家长的巨额留学投资变成了一种消费。

这让我想起获得 2002 年诺贝尔经济学奖的丹尼尔·卡尼曼，他获得诺贝尔经济学奖的主要理论，是有关博彩者在不确定性和风险情况下输赢“前景”的思想。其中一个理论叫作“损失厌恶”——人们更担心遭受损失而不是获取收益，一定量的损失给人们带来的效用降低，要多过相同的收益给人们带来的效用增加。当从较好处境沦落到较糟处境时，我们会受到较大伤害，这比从较差处境中得到改善要糟得多，即使两者最终的结果是一样的。

现在的父母展开“军备竞赛”，增加教育投资，有很大一部分出自“损失厌恶”——对孩子在竞争中输给其他人的担忧，对未来阶层滑落的焦虑。

所以我妹妹会说：“花了钱也不见得一定有效果，但是不花钱肯定是不行的，别人都在加大投资啊。”

家长更担心的，是没花费这部分钱给孩子带来的潜在损失，至于能不能真的带来投资收益，他们也不是这么在乎了。

有意思的是，虽然获得的是诺贝尔经济学奖，卡尼曼却是一个心理学家，一个经济学的概念，被一个心理学家解释清楚了。他指出，“损失厌恶”的危险在于：我们总是试图将损失的感觉降到最小，即便这样不一定在财务角度上有多大意义。

与其纠结是“投资”还是“消费”，家长们不如冷静地探究一下，自己都是出于什么样的心理给孩子花钱，有多少是出于真正想获得长期回报，又有多少只是出于自己对损失的厌恶，尽量避开坑，更理性地进行教育投资。

还有就是索性把对教育的投入都当成消费，但行好事，莫问前程。比如说送孩子出国留学，如果把投资者心态转变成消费者心态，不做太高预期，反而会有意外收获——孩子眼界的拓宽、跨文化交流水平的提高、知识和见识的增长……

教育和人生一样，比目的地和回报率更重要的是过程本身，在路上阅遍风景、收获成长、内心充盈，这也是一种最好的回报。

◇ 一点思考

在养孩子上，投资就是为了让孩子获得学历、工作以及其他未来方面的增值和收益，家长投入资金、时间或其他形式的资产。消费就是为了满足生活需要花费在孩子身上的资金，是一次性的花费，没有未来收益。

家长给孩子花钱，大多抱着“投资”的良好愿望，但最后到底多少能成为有回报的“投资”，多少沦落为打水漂的“消费”？

不妨冷静地探究一下，自己都是出于何种心理给孩子花钱，有多少是出于真正想获得长期回报，又有多少只是出于自己对损失的厌恶，尽量避坑，更理性地进行教育投资。

教育和人生一样，比目的地和回报率更重要的是过程本身，在路上阅遍风景、收获成长、内心充盈，这也是一种最好的回报。

>>>

第四章

择校择的到底是什么

· · ·

教育需要全局意识，焦虑经常来自信息不对称，我们要经常提醒自己破除偏见，寻找关键拼图，争取看到更全面更客观的教育地图。

公立、民办还是国际学校？我们的误解太深了

世上不存在十全十美的学校

妹妹挑学校挑花了眼，哦，不对，其实，是没有一个学校她觉得十全十美。

因为公立学校、民办学校、国际学校，都各有各的优缺点。

民办学校是应试教育，天天做题，把孩子的创造力束缚了。

国际学校是素质教育，可以在探究型学习、项目制学习中培养孩子的批判型思维、分析问题和解决问题的能力。有外教，双语教学，只是语文和数学基础没有民办学校和公立学校打得好。

公立学校嘛，快乐教育其实就是放养教育。优点是离家近，还不收费。

作为一个“投资人”，钱倒不是妹妹首要考虑的因素，如果有一家十全十美的学校，那么贵一点儿也是值得的。

她去考察了一家新开的国际学校，中英合办的，校长是英国一家著名学校的前校长，中方是著名的人大附中。

从学校回来，妹妹抱着一堆资料来找我，激动了一阵，巴拉巴拉说了一通：

“学校特别豪华，有400米标准跑道，室内恒温游泳池，食堂堪比谷歌的餐厅。”

我不为所动，给她泼了一瓢凉水：“豪不豪华，不是考察一家学校的标准。”

妹妹的热情没有减退，她接着说：“校长的办学理念我也特别赞同——创造适合每个学生发展的教育，汲取中外办学的精华，关心每个学生……”

我问：“你准备选这个学校啦？”

还在憧憬中的妹妹，终于被我这句话降温了，她说：“不！只能拿这个保底。实在没地方去了再去这个学校。”

看到我一脸问号，她解释说：“一旦小布丁上了国际学校，再转回体制内参加中考、高考就困难了。”

我问：“你不是说小布丁长大肯定要考国外名校吗？”

“是啊，上了民办学校也可以考国外名校啊，但是上了国际学校就只能考国外名校了，这么早就没有选择的自由，感觉还是不太爽。一开始总是选择多一点儿好吧，别把自己的路限制死了。”

怎么有点儿“伪贵族”学校的感觉呀？

这也好，排除法对妹妹还是合适的。看来，从首选清单里画掉公立学校后，她把纯国际学校也划去了。

于是，找一家更“外向”的民办学校，成为她新的目标。

寻摸来寻摸去，她终于确定了一个目标校，离她公司不远，离家也不算远，是一个民立学校，采用双语教学法，国内和国际课程并行。

这等于说，什么都不放弃，既抓应试，又抓素质教育，等孩子到了六年级或中考，再决定是否转国际学校也来得及，这样就更有主动权。

而且，这个学校硬件也相当豪华，妹妹眼睛又发亮了：“有恒温泳池，食堂菜单特别丰富，如果是下雨天，还有带雨篷的高尔夫车接送孩子从教室到食堂，虽然走走路也就 5 分钟……”

她不说这个还好，说到这个我觉得过头了，怎么有点儿“伪贵族”学校的感觉呢？这能培养出什么样的孩子？

人家伊顿公学等贵族学校，生活条件还挺艰苦的，还要军训，培养的是可以保家卫国的贵族。而我们很多人对“贵族”的理解有点儿跑偏，认为贵族就是享受奢华，十指不沾阳春水……

当然，或许我有点儿杞人忧天了，这只是学校管理体贴化的一种表现。既然妹妹总算看中了一所学校，不是十全十美也是九全九美了，是件好事。

看中学校，只是幼升小的第一步，关键是，学校看不看得中孩子。我对小布丁还是有信心的，毕竟，比起花生，小布丁的启蒙教育还是很密集的。

那些像国际学校的公立校

花生读的小学是公立学校，虽然也算海淀区重点，但也属于我妹妹“嫌弃”的那种“快乐教育”学校，就是那种 3 点钟放学，作业 1 个小时内就能做完，考试不讲排名的学校。

快乐教育是好是坏暂且不论，但如果说，公立学校缺乏国际学校或实验学校这种素质教育，可能是人们的一种误解。

在国际学校流行的探究性学习和项目式学习，在花生的学校也有。

他们成立小组，去田野调查海淀区共享单车使用人群，做出调查报告。

在课堂上，老师教他们如何做 PPT（演示文稿）和思维导图。

至于假期作业，那种常规的刷题作业是不多，但那种开放型的作业就比较多。比如看课外书，画思维导图或做手抄报，参加社会实践和志愿者服务，参观博物馆和科技馆并收集资料，设计科学实验做手工，记录收支分析家庭财务……

每天下午 3 点放学后，学校有很多俱乐部，运动类：排球、篮球、足球、乒乓球、网球、滑冰……文学艺术类：绘画、书法、管乐、歌唱、主播……科技类：乐高、机器人、航模、编程……林林总总加起来近 30 种，而费用还不到校外培训班的一半。

花生读的小学是一所大学的附属学校，所以虽然小学校园比较小，但可以借用大学的各种场地和资源，包括足球场、篮球场、羽毛球馆、科学实验室、博物馆、音乐厅等。

有一次我带花生去卡拉 OK，发现他居然会唱艾兰 · 沃克的“Faded”，还有德拉西的“Dream it Possible”，问他是怎么学会的？他说是英语课上学的。

虽然不像一些国际学校会给每个孩子配备导师，花生的小学老师素质很高，也能关心到每一个学生，并且秉持正面管教的理念。每个学期都有学校开放日，让家长进课堂听课，加强家庭和学校之间的联系，在家长群里，老师也不曾给家长布置很多任务。

总体来说，在应试方面，公立比起民办稍逊色，但是因为作业和刷题少，节省下的时间用于孩子综合素质和能力的培养，也挺不错的，甚至还有些和国际学校的教学项目相似。

在海淀区，花生的小学还不是最像国际学校的公立学校，有一两个附小，培养出的孩子更国际化。学校经常组织国内外游学和项目考察，有戏剧社让大家排剧，有科技节鼓励学生创新，还会在大学教授的辅导下让孩子开展项目研究，做调查报告。

正因为花生和玉米上的都是公立学校，我对公立学校很熟悉，也感觉到一些家长对公立学校的认识比较片面，存在一些误解。

不上公立学校的不懂得公立学校，以此类推，不上民办学校的也会不懂民办学校，不上国际学校的也可能对国际学校有偏见，不管是学校还是教育体制，其实家长大多只看到了自己想看的一部分，没看到的部分才是关键拼图。

教育需要全局意识，焦虑经常来自信息不对称，我们要经常提醒自己破除偏见，寻找关键拼图，争取看到更全面更客观的教育地图。

◇ 一点思考

世上不存在十全十美的学校，不管是公立、民办还是国际，都各有各的优缺点，关键是看家庭的教育目标是什么、自己更看重哪方面、孩子更适合哪种教育体制和风格。

这几类学校中的佼佼者，也在借鉴其他学校的教育模式，取长补短，发展素质教育和全人教育。在改革中，也出现了一些很像国际学校的公立学校。

不管是学校还是教育体制，其实家长大多只看到了自己想看的一部分，没看到的部分才是关键拼图。

教育需要全局意识，焦虑经常来自信息不对称，我们要经常提醒自己破除偏见，寻找关键拼图，争取看到更全面更客观的教育地图。

30 万元一年的国际学校，老师却什么也不教？

国际学校不能光看学费

小布丁没有保底校了！

在冲刺目标民办双语校的过程中，妹妹拿来“保底”的那家国际学校开学了，她编织的情报网里，不断有新消息像小鸟一样扑进来。

关于保底的国际学校的费用也明晰了：比如一年校服费预交 1 万元，比如基础学费 12 万元，不包括餐饮、课外拓展、课程后的活动等。

我咂舌，国际学校就是高大上啊，花生上的公立小学，一年校服费也就 1000 元左右。

学费还说得过去，和北京同等国际学校相比，也就只是一半的价位。

不过，上国际学校，学费只是所有费用中基础的一部分。

我有个朋友的孩子，上了北京顺义的一家国际小学，一开始听说学费一年 25 万元，她觉得自己还能承受。但等孩子真正上了学，一会儿接到一个缴费通知，一会儿收到一条收费微信，校服费 6 千元，班车费 6 千元。课外班挺多的，马术和高尔夫有点儿贵，一学期要 6 万元，朋友没有选。给孩子报了一个网球俱乐部、一个 STEM 课程，加起来也要 4 万元。夏天学校组织去美国的夏校，同学们都去孩子不去也不大好，费用又要5万元……和这些比起来，伙食费和书本费真的只能算零头。

- STEM是科学（Science）、技术（Technology）、工程（Engineering）、数学（Mathematics）四门学科英语首字母的缩写，其中科学在于认识世界、解释自然界的客观规律；技术和工程则是在尊重自然规律的基础上改造世界，实现对自然界的控制和利用，解决社会发展过程中遇到的难题；数学则作为技术与工程学科的基础工具。

等到年底，朋友仔细一算吓了一跳，一年下来总共花了50多万元。

她对我说："国际学校，千万不能光看一年的学费，按照学费翻倍计算，才差不多。"

费用不要紧，关键学得太少

关于费用，妹妹没考虑太多，她瞄准的那家民办双语校，学费虽然比起国际学校要低一些，但也低得有限，一年差不多也要6位数。

真正让妹妹皱眉的，是来自她看中的这家国际学校的家长反馈，学习任务太轻松了，老师管得太松了，同学们成绩好的太少了。

妹妹有个朋友，孩子原先在公立小学上学，除了成绩不好不爱学习，做其他事情还挺灵光的。

那个孩子的妈妈就想，在国内上学压力太大，在杭州中考，一半的孩子都上不了高中，只能被分流到职业学校或中专，听起来有点儿寒碜。还不如将来送出去，随便上个什么学校，至少也是个国外大学的文凭，然后接老爸的班就行。

这个国际学校申请起来并不容易，她找了很多关系，填了很多表格，还有英语的表格，都是她自己帮孩子填的。幸好这家学校是第一年开学，很多家长还在观望，所以竞争激烈程度有限，孩子也终于进去了。

学校的确像宣传的那样：外教很多，也基本都是用英语授课。但是朋友孩子英语水平太差了，上课一大半都听不懂，就经常走神。作业很少，孩子大多不会做，老师也没有给予太大压力，作业不会做也不强制完成。上课两个月，轻松是轻松，但是感觉什么都没学到。

妹妹说："一年十几万二十万学费都没问题，有问题的是，交了这么多学费，还不如不要学费的公立学校学得多。"

发出同样疑问的，也有北京顺义和上海浦东国际学校的家长。

北京发生了这样一件事，一个顺义家长，跑到校长办公室里要求退学，说一年 30 万元学费，老师却什么都不教，都是让孩子自学。

其实，这中间也有些误会，很多家长认为，上课，就得老师在课堂上讲，孩子坐在下面听，老师每天布置几张卷子或一些题目，孩子做完第二天交上去让老师批改。其实，这只是一种传统的教学方法。而不少国际学校在教学中，用欧美流行的探究性学习、项目式学习等新式学习方法取代了传统的教学。

- 探究性学习（Hands-on Inquiry Based Learning，HIBL），指学生在学科领域内或现实生活情境中选取某个问题，通过质疑，发现问题；通过调查研究、分析研讨，解决问题；通过表达与交流等探究学习活动，获得知识，掌握方法。
- 项目式学习（Project Based Learning，PBL），是一种动态的学习方法，通过项目式学习，学生们主动探索现实世界的问题和挑战，在这个过程中领会到更深刻的知识和技能。

采用项目式学习：孩子到底学多了还是学少了

探究性学习和项目式学习，总体来说，是一种更偏向于自学而非教学的方法，目的在于激发孩子的主动学习能力。

举个例子，学习科学课里大猫的知识，传统学习是怎么样的？

老师在课堂上讲课，大猫是哺乳动物，也是肉食动物。大猫分哪几种，分别生活在哪里。大猫的生活习性和捕食习惯是怎样的。最多在课堂里提些问题，让学生讨论回答。

接着就是让学生做作业、测验、考试，即使把考察形式换成那种报告式考核，比如用手抄报、PPT 或者演讲报告等形式汇报出来，那也不属于项目式学习，因为没有让学生自己去发现问题、设计问题、解决问题。

那项目式学习，会如何学习大猫知识呢？

老师给孩子看不同大猫的照片，有狮子、老虎、猎豹、花豹、美洲豹、薮猫、猞猁等，让同学们一起讨论这些大猫的相似之处和不同之处，比如说体形、毛色、耳朵、爪子等。然后老师展示一些大猫的栖息地，比如说东非大草原、亚马孙热带雨林、加拿大寒带针叶林、东南亚等，让学生根据大猫的不同特征，来猜测它们的栖息地。

学生们进行小组讨论，做出分析得出结论后，各个小组组织材料，做出 PPT，汇报自己的结论。听完各组汇报后，老师再揭晓答案，讲解其中的理由。

这还没结束，这只是项目式学习的第一步。

项目式学习最关键的一步，是老师提出一个提案，好比你是个研究大猫的专家，请你去研究哪种大猫存在濒危的风险，这种风险和它的栖息地有什么关系，并且在评估风险后，提出相应的解决方案。

这是一个开放性的问题，学生们成立项目小组，可以上网找资料，也可以去图书馆借阅资料，找到充足资料后进行组内讨论，关于栖息地和大猫生存状态，既要看过去，也要看现在，同时去预测未来，可以说是自发学习了海量相关知识。然后按小组汇报，得出结论。这时，每个小组也会自然而然地提出各种主张和建议——如何保护地球资源、保持生态平衡。

这种学习过程，充分体现了项目式学习中提倡的一点——自主学习，积极探索。孩子不仅要运用所学知识，同时也要设计方案、提出假设，并加以论证，是一个发现问题、收集资料、论证问题并且解决问题的过程。

项目式学习，看似老师没有教什么，但实际上通过孩子的自学，更灵活且更深入地学到了知识，提升了思维能力。

所以，在某种程度上，家长的抱怨有一半是对的，在这种新式学习方式中，或许可以说老师教得少了，但是却不能因此说孩子学到的就少了。毕竟，授人以鱼，不如授人以渔。

这也给我们一个启示，未来的学习是什么样的，到底是以学为中心，还是以教为中心？以学生为中心，还是以教师为中心？

或许，一年 30 万元的学费，老师却“什么都不教”的国际学校，能够给我们带来一些启示。

◇ 一点思考

国际学校，学费只是所有费用中很基础的一部分，其他费用林林总总也不少，家长要做好心理和财务两方面的准备。

很多国际学校在教学中，用欧美流行的探究性学习、项目制学习等新式学习方法取代了传统的教学。看似老师没有教什么，但实际上通过孩子的自学，更灵活且更深入地学到了知识，提升了思维能力。

未来的学习是什么样的，到底是以学为中心，还是以教为中心？以学生为中心，还是以教师为中心？或许，看起来“老师什么都没教”的国际学校，能给我们一些启示。

在学校培养个性，或许是个陷阱

体制内培养不出能力和个性？

当妹妹放弃国际学校时，我两个朋友却把孩子转到了国际学校。

一个是阳阳妈妈。阳阳妈妈说阳阳在公立学校只上了 3 个月学，老师就找了她两次。说阳阳在课堂上总坐不住，每隔 5 分钟要么和同桌说话，要么转来转去；每隔 10 分钟要么站起来，要么踢踢前面同学的椅子。老师觉得阳阳会影响到其他同学，就把他调到了第一排的最边上，别人都有同桌，却让他一个人坐。回家做作业，阳阳也总是忘东忘西，今天忘了背课文，明天忘了做 10 道计算题。他的同桌获得过 5 次小红花，他却一次都没得过。

第一次测验，阳阳很多题目不会做，卷子空了一大半，最后拿了 31 分，全班只有他一个人不及格。一直拿不到小红花的阳阳本来就觉得没面子，这次回到家，更是大哭一场。

阳阳妈妈说："这才小学一年级啊，学业压力太大了，老师也太严了，总要给孩子一点儿过渡期，总是打击教育怎么行。以前我总和孩子说，不要和别人比较，每个人都是独一无二的，要做最好的自己。看，才上了不到半年，阳阳都蔫了，个性没有了，自信心也被废掉了。”

另一个妈妈对我说：“公立学校的条条框框太多，每天都要穿校服，早上要出操跑圈；上课不让随便回答，要举手才能说话；就是上体育课，也不能随便和同学玩，而是要按照老师的要求做。”

她对我说：“这种学校教出来的学生，只能是流水线上的机器，不是有个性的人，这样怎么可能有想象力和创造力？”

她们看到我在费劲地准备小升初，也劝我：“孩子要上这么多课外班，要学这么多东西，实在太辛苦了。我们的应试教育培养不出真正有能力的人，你干脆也让孩子上国际学校算了。国际学校的老师都很和善，不给孩子什么压力，孩子进了国际学校，明显开心了，个性也张扬了。”

我发现，像我朋友这种情况还挺多的，一些家长把孩子送到或转到国际学校，是因为在公立学校和民办学校感受不到“个性”。

国际学校也躲不开应试和管教

当晚上 10 点花生还在对着奥数题苦思冥想，当周末本可以轻松待在家里却要去补习班，当别的孩子能看电视和漫画花生却要进行英语阅读时，我也设想过，如果我们选择上国际学校就好了，就不用这么费劲地准备小升初了。

但是当我看到，国际学校的高中生也面临着巨大的竞争压力，我就放弃了偷懒的念头。即使没有传统意义上的考试，没有排名，没有比较，老师也尽量肯定孩子不去批评，这并不意味着孩子就没有优秀和普通的区别，学业出色的孩子，仍然会获得更多肯定和表扬。孩子如果打算申请好大学，获得优质的全球高等教育，这中间要付出的努力一点儿也少不了，过程甚至比国内高考还要繁复辛苦。

这让我清醒地意识到，即使把花生送到国际学校，可能小升初是轻松一点儿，但是轻松一阵子不意味着能轻松一辈子，只是把压力后延了而已。

至少，不能因为轻松这个原因选择国际学校。

那么，如果是为了尊重孩子的个性和发展，选择国际学校怎么样？

国际学校班级更小，老师更加和善，运用更多的鼓励式教育，但如果说完全做到因材施教和区别对待，那也是困难的。

国际学校也需要制定课堂纪律和各种规章制度，不能迟到，不能早退，要按照规定请假，上课也不能随便回答问题，更不能带电子设备。就是自由讨论也是有规则的，不能一个人发言，要鼓励大家轮流发言，也不能说带有歧视色彩的言论。

我有个朋友带着孩子在英国读书，是一个类似于伊顿公学的私立学校。虽然学业竞争看上去不像中国的这样激烈，但是课堂纪律非常严格，体育训练也很艰苦。孩子必须按照老师的要求去完成，完成不好的孩子，也会承受压力。

看到这些情况，我开始思考一个问题：

一些家长对公立学校和应试教育之所以不满，是因为它们实施的不是个性教育，那到底什么才是个性呢？

个性的反义词，不是没有个性，而是共性。学校作为一个社会组织，不管它是公立的、民办的还是国际学校，都是一个集体，而学校的教育，都是基于共性的教育。

从教学内容和方法来看，即使像国际学校的小班制，老师也不可能照顾到每个学生的个性和需求、教授不同的内容、采用不同的方法，不然就组织不起有效的教学，也不能做到教育公平。

从考核评价体系来看，不管什么类型的学校，只要有选拔，就会有统一的选拔标准；有标准，就意味着有竞争、有淘汰。

从规章制度来看，严格的纪律是教学顺利开展的保证，不能因为某几个学生的个性或特殊要求，而影响到整个集体的利益。

正如自由和约束是相辅相成的，个性也不是一个人学习、生活和工作的全部，共性是不可或缺的，也是让一个人能够融入社会的重要因素。

所以，在学校普遍的共性教育中，家长如果一定要追寻个性，是不是从一开始就是一个陷阱？

一个“不听老师话”的海淀妈妈

那么，如何培养孩子的个性呢？这时就需要家庭教育的介入和补充。

我身边一个海淀妈妈，孩子二年级时她被公派到美国工作，她就带孩子一起去了洛杉矶上学。

三年后，她任期结束带孩子回来，插班进了海淀区一所重点小学的五年级。

和同学比起来，孩子的各门学科情况是：英语超好，体育很好，科学还行，数学一般，语文较差。

于是，这位海淀妈妈拼命给孩子补语文、补数学。至于学校的英语作业，她想了两秒钟，就对孩子说：“英语作业不用做了，我来帮你做。”

这位妈妈没料到的是，班上的英语课代表也特别认真，收到作业后居然犀利地指出：“某某某，这不是你的字迹，下不为例哦。”

怎么办呢？

第二天，这位海淀妈妈直接向老师提出英语免修。

对于强悍的海淀妈妈来说，学校不是问题，作业不是问题，只有根据制定的目标和孩子的特点，真真切切提高孩子的学术水平才是问题。

毕竟，学校教育不是个性化定制的，而是一视同仁的大众教育。

针对孩子不同的状况，家长完全可以选择不同做法：

> 对一般的鸡血妈妈，家庭教育是学校教育的有效补充。
>
> 对不一般的鸡血妈妈，学校教育是家庭教育的一种有效补充——比如说团队合作、情商、逆商、人际交往等培养。

虽然我没这么鸡血，但我也一直认为，学校不仅仅是学习场所，更是一种社交场所。如果只是学习，在家其实也有可能实现。

如果家庭教育真的很厉害，也没必要完全跟着学校的节奏。老师很辛苦，对孩子是一对多，家长对孩子却是一对一，最多一对二，肯定更了解孩子的个性和需求。

只是，不想听从学校的指挥棒，和学校教学安排有冲突，怎么办？

大神级别的家长，经常也能和学校达成一种默契，比如一段时间不上课、不交作业，只要不影响其他人，也是允许的。

《中华人民共和国义务教育法》里，有规定休学不能超过一年。我认识一个海淀妈妈，她是计算机博士，养育一个男孩，帮助他在四年级时就把初二数学都学完了，《托福 100 分词汇》也背完了。

小男孩五年级在学校实在没啥好学的，而这位博士妈妈本来就是学校系统研究所的，就申请让孩子休学一年。

休学一年在家干吗呢？孩子接着学初三数学，备战托福，同时学古文，看完《论语》和《史记》，有时候博士妈妈去研究所开会和做项目，孩子也列席旁听。

休学这一年，孩子刻苦学习，考上了人大附中的早培班。

个性培养，更多地取决于家庭教育

有这样一个数据，美国早在 20 年前，脱离学校教育而独自学习的人数就达到了 150 万人。

更有意思的是，根据调查，在家学习的孩子，学业水平还居然超过了在校学生，就连大家担忧的社会化，也比在校学生更好。

这说明，如果父母重视孩子的综合素质，即使脱离学校体制，也不影响孩子接触同伴和社会，甚至能更灵活地安排孩子参加社团和社区活动。

在中国，2013 年 21 世纪教育研究院做过这样一个调研报告，约有 1.8 万孩子选择了“在家上学”。

当然，我们不能仅仅看成功案例，而是要看到，这些案例背后，是什么样的家庭才有能力主动选择让孩子在家上学。

调研显示，中国在家上学人数最多的省份和城市是广东、浙江和北京，属于中国经济文化水平较高的地区。

在我身边，那些让孩子选择性上课、不做作业，变相“在家上学”的海淀妈妈，也是有两个前提的：

一是有条件——经济、时间和学识；

二是有意愿也有能力去承担孩子的教育工作。

这也算是不走寻常路，既需要强大的内心，也需要不怕付出机会成本——即使孩子走了点儿弯路，家里也托得起这个底。

对于大多数家庭，学校的共性教育和家庭的个性教育相结合，才是最稳妥最现实的选择。

对于大多数家庭，中国的九年制义务教育，还是性价比最高的选择，正如杨振宁教授所说，中国的教育，不比美国的差。

只是选择了就不要纠结：孩子在学校就不要执意去追求什么个性化，孩子回到家也别把父母的角色变成老师，弄得家里和学校一模一样。

不管在家，还是在校，不管听老师话，还是按自己节奏来，家长和孩子选择的多样化，是教育的进步，也是社会的进步。关键是，家长需要真正了解自己的孩子，并且能和学校协调妥当，做出最适合自己孩子的学习和活动安排，这才是真正的因材施教。

◇ 一点思考

从考核评价体系来看，不管什么类型的学校，只要有选拔，就会有统一的选拔标准；有标准，就意味着有竞争有淘汰。

从规章制度来看，严格的纪律是教学顺利开展的保证，不能因为某几个学生的个性或特殊要求，而影响到整个集体的利益。

个性也不是一个人学习、生活和工作的全部，共性是不可或缺的，也是让他能够融入社会的那部分。

培养孩子的个性，需要家庭教育的介入和补充。孩子在学校就不要执意去追求什么个性化，孩子回到家也别把父母的角色变成老师，弄得家里和学校一模一样。

对于大多数家庭，学校的共性教育和家庭的个性教育相结合，才是最稳妥最现实的选择。

送孩子到新式实验学校，是做小白鼠吗?

妹妹像雷达一样，搜索和排除各种学校，范围越来越小。当她把国际学校排除在选项之外后，有一家很“奇特”的学校跳了出来，狠狠地诱惑了她一下。

这就是号称“面向未来的学校”——马云创办的新式实验学校，云谷学校。

在新式学校领域，北有一土学校，南有云谷学校，都致力于培养更能面向未来的孩子。

我有个同学，孩子刚去云谷学校上学。同学的母亲，也就是孩子的奶奶就是搞教育的，是杭州两家知名民办学校的创办者，孩子原先在奶奶创办的一家民办小学读到六年级，正在考虑要不要直升初中时，这时云谷学校的初中部就开始招生了。孩子奶奶虽然思想新潮，但对云谷学校的教学方法认为还是有一些风险，但经过一段时间接触，再加上孩子的就读体验后，他们渐渐被云谷学校吸引了。

云谷学校是一家相对低调而神秘的学校。刚好妹妹和我的一个朋友都想深入了解云谷学校，我借此机会和同学打探了一下，询问他和孩子对云谷学校的私人感受。

在九年制义务教学阶段，云谷学校的大纲和课本用的是教育部统编的人教版和浙教版，只是把英语课本改成了独自引进的教材。也就是说，云谷学校的学生，还是会学习和公立学校一样的课程内容，如果将来想要参加中考也是可以的。

在这点上一土学校也是一样的，按照中国教育部指定的九年义务教学课程，进行教学安排，满足教学课标的每一个要求，教材和课程也都是教育部审定的。

但是，云谷学校的教学方法全变了，采用的是美国小学流行的PBL项目式学习。老师给一个课题，学生们围绕这个课题，自己找资料、和同学讨论研究、设计解决方案。这样的学习方法带来的影响是，虽然教材和公立学校一样，学习起来却增加了深度和广度（当然也取决于学生的拓展程度），这也给一些家长带来了担忧——学习进度比公立学校慢很多。

“你不能着急，眼看着其他学校都上到第10课了，我们孩子还在第6课里纠缠，家长的心态要稳。”我同学这样说。

一土学校的教学方法也和云谷类似，除了项目式学习，还有社会情感学习、个性化评估等。

这种教学方式刷题量很少，更偏向于研学，思考很多，讨论很多，重视能力超过成绩，虽说孩子初三毕业参加中考在理论上仍然行得通，但是在实际操作中，云谷的孩子和刷惯题量的其他学校孩子相比，在应试上可能没有太大竞争力。

“再说，孩子已经习惯这种学习方式了，让他回到公立学校，关在教室里天天刷题，他也不愿意啊。我是认定孩子要出国读书，才会选择这条道路。现在云谷学校在组建高中部，课程还没最后定下来，应该也会走欧美的IB课程、AP课程等路线吧。在这里读书的孩子，大概率也是继续在云谷升学的，或者就干脆提早出国了。”

- IB 课程即国际文凭组织 IBO（International Baccalaureate Organization），为全球学生开设从幼儿园到大学预科的课程，为 3~19 岁的学生提供智力、情感、个人发展、社会技能等方面的教育，使其获得学习、工作以及生存于世的各项能力。
- AP 课程是由美国大学理事会提供的在高中授课的大学课程，其目的是为学有余力的优秀学生预先提供大学课程，帮助其获得在高中阶段即可修读大学学分的机会。

云谷学校经常会凭借自己的资源，提供给孩子教室外的学习场所，比如去阿里巴巴集团或淘宝公司现场调研。每个孩子还配有一个导师，根据孩子的情况制订一个成长方案，每个月设定一个目标，月底和孩子复盘，看看什么地方做得比较好，哪些方面仍然存在欠缺。

学校老师大约有 1/3 是外教，教英语、体育和艺术。其他课程还是中教，并非全英语环境。所以我的同学还是让孩子在课外补习英语，上托福班，直接备战托福。一个班 24 个人，其中有好几个孩子，是在国外读了小学又回到中国读书的。

“我们班有个澳大利亚读小学回来的，年级里也有不少从英国、加拿大回来的，有的是父母回到中国工作，也有的是觉得国外小学学得太少，自愿回来接受国内基础教育的。”

云谷学校里大约有 30 个俱乐部，但和别的学校不太一样，学科种类不多，也不是纯体育艺术类的。比较受欢迎的俱乐部，有 CEO 运营官、戏剧俱乐部。我同学的孩子报了一个飞盘俱乐部，一个工作坊，还有专门读西方原版名著进行交流的读书俱乐部。

同学说孩子很适应在云谷学校的学习，“孩子在民办学校时，虽然成绩也不错，但他不是那种很循规蹈矩的孩子，凡事都有自己的主见和想法，不喜欢太受约束。到了这里，他算如鱼得水吧，而且学得也不少，学业负担也没减轻，但这种自主学习和自我探索的形式，很能激发他的兴趣。”

我的同学接着说：“在这里读了几个月后，神奇的事情发生了，原来他最讨厌语数英，现在问他最喜欢什么，他竟然说语数英和科学。没有太大应试压力，再加上有俱乐部，原先上的那些课外班就都不报了，只留了两个课外班在周六，一个是托福班，还有一个是编程。让孩子学一些和计算机对话的能力，为未来人工智能时代做准备嘛。”

因为我那个朋友想知道自己孩子是否适合这所学校，所以我从反面又问了一个问题：“什么样的孩子不适合去这家学校呢？”

同学说：“我们去面试时，云谷学校就介绍了，这三种情况不适合：

1. 以分数作为结果导向的；

2. 将来打算参加高考的孩子不适合，来这里的孩子大概率是要出国留学的（90% 以上）；

3. 孩子教育需要父母的高度配合和参与，如果父母不愿意参与或者没有精力参与的，也不大适合。

关于第三点，我的同学举例说：“儿子课后作业很少刷题做卷子，有大量的实践探究型作业，要孩子完成报告。比如说调查宋朝的青瓷技术和风格，我就要带儿子上美术馆和博物馆拍照搜集素材，指导他如何取舍、分析、做 PPT。一开始儿子独立完成会比较困难，还是需要家长辅导一下的，所以这种开放性作业，家长也需要花很多时间。”

听了云谷学校的教育理念和基本情况，妹妹有点儿动心，说这是一个培养 CEO 或领导者的学校，而不是训练打工者或螺丝钉的学校。

但是，她坦言去这所学校存在一定风险，就像国际学校一样，一旦进去了，就很难转回体制内的学校了。而且，能进入这个学校上学的家庭条件都是很好的，甚至有点儿背景的，可以为孩子未来托底，她自己只是一个小公司老板，自问还没有这样的能力。

当然，这所学校也很难进，虽然看起来是妹妹在选择学校，其实能进哪所学校都不好说，因为学校也在选择孩子。

有意思的是，虽然云谷学校的理念是能力重于成绩，在入学选拔方面，我的同学向我介绍，对孩子成绩的要求还是很高的。

想进七年级也就是初一，学校先要筛简历，《小学生综合素质发展评价手册》上，孩子四五年级的语数英等成绩必须全优，出现一个良就悬了。

经过初选，学校会通知简历合格的孩子参加入学考试。考试时间很长，8：00—12：30，语数英三科都要考。

考试通过之后，还有最后一道关，是父母陪孩子面试，要看孩子，更要看家长，家长的教育想法要符合云谷学校的理念

同学说：“云谷学校会挑最优秀、成绩最好的孩子。”

一个讲究能力的学校，招生时却会挑选成绩最好的孩子，这多少有点儿耐人寻味，这也使得云谷学校不像我们想象的那样具备颠覆的实验性。

还有一种可能，就是他们认为成绩好、会学习，是学生阶段最重要的能力。

而和杭州遥相呼应的北京一土学校则相信，只有内心充盈的老师，才能培养出内心充盈的学生。

作为一个学生，热爱学习，也能学好，才能内心更加充盈吧。

一土学校的创办人李一诺还说，教育不应该只是为美好生活做准备，教育本身就应该是美好生活。

从这点上，不管是北方的一土学校还是南方的云谷学校，孩子的学习生活，看上去的确更接近美好。

◇ 一点思考

什么样的孩子不适合去云谷学校呢？

1. 以分数作为结果导向的；

2. 将来打算参加高考的孩子不适合，来这里的孩子大概率是要出国留学的（90% 以上）；

3. 孩子教育需要父母的大量配合和参与，如果父母不愿意参与或者没有精力参与的，也不大适合。

一个讲究能力的学校——云谷学校，招生时却会挑选成绩最好的孩子，多少有点儿耐人寻味。

作为一个学生，热爱学习也能学好，才能内心更加充盈。

如何定义好学校

“过程什么都是虚的，升学结果才是硬指标”

如何评判一家学校是否优质，家长通常会从硬件和软件两方面来看。

孩子越小，比如上幼儿园或小学，家长把硬件看得越重——饭菜质量，教室的通风和采光，运动场大小，教学设施条件……

孩子越大，比如上中学或大学，会更加偏重对软件的考量——师资力量，课程设置，管理水平……

家长都是健忘的，虽然花生的幼升小也没过去几年，但每当妹妹提及大操场、食堂饭菜、游泳池时，我却总觉得她找错了重点：学校条件普通点儿不怕，不是硬件好才叫好学校！

不要指望一个小升初的家长和一个幼升小的家长拥有太多共同语言。

只是，什么样的学校才是一所好学校，除了软件、硬件这种模糊概念，总会有一个量化标准的吧。

其实，中小学的硬件和软件也是可以量化的。

硬件：

饭菜什么标准？几菜几汤？每周菜谱和食材如何？从何地采购？

操场跑道是 400 米、300 米、200 米，还是非标准的？

有没有语音教室、可视化教学？礼堂有多少座位？运动设施有没有篮球场、排球场、羽毛球场、网球场等配置？有没有单独的音乐教室和艺术教室？

软件：

课程除了标配以外，有没有自己开发的课程，选修课和俱乐部有多少种类？

教材除了教育部审定的以外，有没有其他补充教材，有没有本校自己开发的？

学校老师有多少 985、211 毕业的？有多少硕士和博士？有多少区级、市级甚至全国优秀教师或特级教师？有没有区和市的学科带头人？

这些标准应该是很清晰的，但在现实生活中，很少有家长按照这种清单去衡量学校的品质。

这种评价方法，其实是过程性评价，也就是学校里有什么，是怎么运作的。

家长评价中小学校时，通常会看什么呢？

如果是小学，因为没有统一的小升初考试，就看小学能进重点初中或优质民办校初中的比率。

如果是初中，看中考分，进优质重点高中的比率。

如果是高中，看高考分，看一本、清华北大、985 工程高校录取率、211 工程高校录取率。

其实咨询公司评判大学的标准也是类似的，要看有多少科研成果、发表过多少学术论文、把多少人培养成才、多少人成为大公司高管或者企业家。

这种评价标准，基本都是结果性评价，不是看学校里有什么，而是看学校能输出什么。

大多数家长都觉得，过程什么的是虚的，最要紧的是结果如何。

重新定义学校

除了过程性评价和结果性评价，还有什么评价体系呢？

孩子的身心健康、品质塑造、对学习和生活的热爱，是不是评价标准呢？孩子的满意度指标，可否成为衡量学校的标准呢？

刚好，我有个朋友是浙江省特级教师，后来去教委任职，在我对“如何定义好学校”这个问题上疑问重重时，他送了我一本书，是北京市十一学校时任校长李希贵写的，书名就叫《重新定义学校》。

在海淀六小强里，十一学校和北大附中首先扛起教育改革的大旗，是人们眼中最偏重素质教育的学校。

那个教师朋友告诉我：“十一学校的改革，是首先从课程入手的。十一学校的课程设置非常有特色，二四班从初中开始就需要学生自己选课，也就是不分固定班级，按照自己选的课走班。”

这就给课程设置提出了全新的要求：课程种类是否丰富？是否有分层？是否能满足不同学生的不同需要？

十一学校开发的课程就有 300 多种，通过选修不同种类不同级别的课程，4000 多名学生就有 4000 多张课表。

相对应的，每个人要写的作业也是个性化的，一个年级 550 人，就有 550 种假期作业。

李希贵校长在书中写道："一个叫王凯基的同学，他数学不好，但是热爱音乐，学校没有给他补数学（虽然数学课也有Ⅰ—Ⅴ的分级），而是创造各种条件来满足他对音乐的学习兴趣，为了他的需要建立了一个音乐棚，还专门给他一个人开设了西方音乐史课。"

课程多样化对学校的挑战是巨大的，需要投入大量资源和人力进行课程设计和课程管理。同时也大大增加了老师的工作量，因为授课也需要小班化、个性化。

相比而言，像衡水中学这样的应试教育，一个班近百人，管理起来就相对容易和单纯。只要老师管得严、督得紧，学生努力学习、拼命刷题，就可以获得比较理想的高考成绩。

十一学校的课程设置，对孩子来说也是一种挑战。他们在收到录取通知书时，还会收到一本厚厚的《课程手册》，虽然老师和家长也会帮助他们选课，但是自主权还是在孩子手中。通常一开始孩子会觉得选起来很困难甚至有点儿痛苦，因为他以前从来没有进行过如此重要的选择并需要对自己的未来负责。

而人生，最终是要对自己负责的，早点儿学习这项本事，体会到主动选择的责任和后果，比起被动和顺从地接受老师和家长的安排，更能培养孩子的自主性、责任感和选择的能力。

10多年前，同样扛起了教育改革大旗的，还有北大附中的校长王铮。王铮校长说："孩子的个性和差异，我们不把它当作差距，而是当作价值。"

和十一学校一样，北大附中也同样取消了班级，只是稍微晚一点儿，从高一开始，同时取消班主任、年级组和教研组。在课程个性化选修的设置下，注定无法再有固定的班级，而是松散灵活的"走班制"。

北大附中的高一、高二学生分布在八个书院，包括格物书院、致知书院、诚意书院、正心书院等。教室也不再按班级划分，而是按学科划分。学生自己选择学习科目，自己设计个人课表，每堂课走班到专用教室学习。

在学习安排上，自由和独立，是北大附中传承下来的一大文化特色。学生没有统一的上下课时间，你会看到某一段走课时间，在一个叫“书院活动室”的地方，有孩子在那里或自习或阅读；当然也可以什么也不干，看手机、聊天也无人干涉。

多个小剧场为学生提供交流展示平台；学生咖啡厅是给学生体验创业经历的场所；学校还孵化一个名为“探月学院”的创意学习组织，一些具有超前意识的教育梦想家，与这里的学生一起去做科学的实验……

在学科知识学习外，十一学校和北大附中特别注重能力培养和品格塑造，致力于让一个学生做好走向社会的准备，而不是仅仅走向大学。

在这样的课程设置和组织结构中，学生要锻炼选择的能力，负起自主学习的责任，同时需要跨出班级小集体的框架，扩大交际圈和活动半径，具备随时调整自己定位的心理灵活度——因为你在这个班是“学霸”，在另一个班可能就是“学渣”；你在这个社团是小组长，在另一个社团可能就是跑腿打杂的。

而在普通的学校里，往往班长一直是班长，学霸一直是学霸。长期固化在一个角色上是很危险的，因为进入大学和社会后，自己的位置和角色总会发生变化，很多人就不能接受甚至产生心理问题。

只有学会在不同的团队里都能找到自己的位置，一个人的心理才是健康的。

“我们要办一所不完美的学校，培养出一批有缺点的学生。”

比起整齐划一、极其“规范”的学校管理，千人千面的素质教育更难，还体现在容错率、包容度和家长的理解支持上。

在《重新定义学校》一书里，李希贵校长举了一个学生的例子：

有段时间，高中楼公共空间的电脑不断被攻击，后来才知道，原来是一个学生在测试他的“本领”，他非常自豪能黑进电脑而老师却没有能力修复。

如果放在一般的学校，这样的学生早就受到处分了。而在十一学校的枣林书院，老师却把他保护了起来，本来老师想让他利用特长开发软件，学生也不听，老师就采取了“放羊”法，给他空间，给他自由。

李希贵校长说：“我们一定要有一种心态，就是不要一遇到什么事情，就要杜绝。一定要给学生、给孩子留一点儿犯错误的空间。我们要办一所不完美的学校，培养一批有缺点的学生。一个能接受自己缺陷的人才有可能接受别人。”

而在北大附中，王铮校长实施的“走班制”和“放养型教育”，在改革初期引起了巨大的争议——因为给了学生过多自由，也搞了太多社团和课外活动，导致学业抓得不是特别紧，相对来说，不那么自律、需要人管的学生就会在学习上落后，在高考上吃亏。

2017年9月，王铮校长在“北大附中教育集团总校”成立仪式上的发言里说：

> 目前，由于一孩政策，我们的家庭对孩子有过度的保护、过分的苛求。我们没有给孩子一个自由发展、尝试、自由体验的空间和时间。我们太迫不及待了，我们太想按照我

们自己的想法、按照我们以前的经历来培养我们未来的学生。我们要把目光更多地投向人，而不是把教育看成一种筛选，看成现在的一些分数和成绩……

我们的教育是要培养人，是要培养对自身有意义、对社会有价值的一代新人。北大附中的培养目标写得非常清楚，这些年也一直被牢记到我们北大附中老师的心中。我们认为，学生的独立自主，他的内心充盈，他对理想的追求、执着，应该是我们更加要突出的。

李希贵校长也说过类似的话："教育的责任是发现和启蒙。孩子面对着的是一个更加多变的世界，他们必须具有独立意识，学会自主选择，才能应对那个属于他们的未来。"

学校到底是为谁服务的

"十一模式"在全国教育界之所以备受推广，除了这些管理理念，本质还是李校长的发心。

他提出一个问题："学校到底是为谁服务的？或者说，学校最重要的客户是谁？"

李校长说："校长一定要明白学校的客户是谁，因为体制的原因，校长常常重视与上级领导相关的事情——重视领导来学校视察，重视领导开会，重视领导安排的工作。但是，学校最重要的客户不是上级领导，而是学生。当我们把学生当作客户的时候，教育行业就是服务行业……学校里最大的政治是什么呢？是国家的未来，也就是学生的成长。"

如果把学生而不是学校放在首位，就可以理解，为什么十一学校的三名物理学霸，来找老师和学校说“我们决定不参加奥林匹克物理竞赛了”时，尽管万般不舍，学校还是同意了学生的请求。

结果是，他们虽然没有为学校参赛争光，却爱上了物理这个学科，被保送到北京大学物理学院。

竞赛过程中的反复训练，会导致一些参加竞赛的学生一生都讨厌这个学科。有些人虽然获得了国际奥林匹克数学竞赛的金奖，却再也不愿意学习数学了。而当学校把学生放开，不再让他们重复训练时，他们反而爱上了这个学科。

李希贵校长经常说：“在一些关键时刻，不知道如何判断和取舍的时候，要拿起一把尺子衡量一下，你是为了学生还是为了学校？这是对学生好，还是对学校好？”

“为了学校”这个说法，很多时候是经不住追问的，只有为了学生，才经得住所有的追问。

从这点来看，一个能把学生放在第一位，源源不断提供爱和包容，并且始终支持孩子成长的学校，才是一所好学校。

不管是对老师、对学生、对员工、对家人、对朋友，其实，拥有被爱被包容的感觉都特别重要，这样他们才能被赋予力量，更积极上进，去爱和包容别人，这个社会也会进入良性循环，成为一个有爱和包容，富有正能量的社会。

◇ 一点思考

评判一家学校是否优质，家长通常会从硬件和软件两方面来看。

大多数家长还会觉得，过程什么的是虚的，最要紧的是结果如何，也就是考试成绩和升学率。

孩子的身心健康、品质塑造、对学习和生活的热爱，是不是评价标准呢？孩子的满意度指标，可否成为衡量学校的标准呢？

海淀六小强中的两所学校早已扛起了教改的大旗，致力于培养综合素质优秀、独立自主具有社会责任感的学生。

一个能把学生放在第一位，源源不断提供爱和包容，并且始终支持孩子成长的学校，才是一所好学校。

做鸡头还是凤尾，这是个学问

你愿意当鸡头，还是做凤尾？

花生小升初受挫，眼看就要等派位了，我多少有点儿苦恼和无奈。有个老领导听说了我的情况，为我宽心：如果实在进不了好学校，进了普通学校成为鸡头，不见得就比进了牛校成为凤尾差。

我很感谢我的领导，但在当时，我把她的劝告看成一种好心的安慰。

面对一个好学校、一个差学校，谁不想去好学校啊。当然去不去得了就另说了，去不了的才拿所谓的凤尾鸡头理论来安慰自己。

我当年上的中学，在杭州是排名前六的高中。我在文科班是第一名，当年高考成绩比第二名高出了 30 分。90 年代初我考上北京对外经济贸易大学，当时外贸行业收入最高，而北大、清华要军训一年，造成我高考那年，对外经贸大学提档线比北大、清华还高。和我同时进入对外经贸大学的，各省的文科状元占了全国一半。其中就有浙江省状元，他的分数我记得很清楚，比我高 41 分。

大学每个宿舍住 7 个人，我的宿舍里，就有一个山东省状元、一个江西省第二名，还有一个福建省前三。我以为到了学校我会很弱，其实不然，和成绩优异的人为伍，反而激发了我的学习热情，即使到最后我在综合成绩上也没能超过浙江省状元和山东省状元，但是我和他们共同进入了第一梯队，也就是综合成绩全年级前10。

遇强则强的亲身经历，给了我一个观念：一个人的努力和精进，也是需要环境来激发的，而一个人在年少时，比起做鸡头，做凤尾更能激发他的潜能。

中国人这两种哲学，一种是宁为鸡头不为凤尾，一种是宁为凤尾不为鸡头，在英语里对应的就是：你是愿意在大池塘里做小鱼，还是愿意在小池塘里做大鱼呢？

在当今中国的“鸡娃”氛围里，第一种哲学显然落伍了——

一定是什么学校好就进什么学校啊，挤破头也要进！能进清华大学肯定不会进北京科技大学，能进哈佛大学肯定不会去南加州大学，能进剑桥大学肯定不会去爱丁堡大学，这是肯定的啊。

但是，这样的选择就一定正确吗？

我身边一个朋友孩子的故事，就给了我“宁做凤尾”的观念一个挑战。

这个孩子叫粒粒，是杭州一所普通小学的“普”娃，前年通过摇号，摇进杭州一家最好的民办初中，粒粒的父母都乐疯了。

经过一年刻苦学习，粒粒的成绩非常稳定——总保持在班级倒数三名。因为和同学差距太大，粒粒丧失了信心，也导致了性情大变：

上课经常开小差——反正也跟不上；

不和同学愿意交往——自卑感强烈；

回到家不和父母说话，总是关上门玩手机——爱和小学同学交流释放压力……

班主任找粒粒妈妈聊了几次，绕来绕去、话里话外都透露着一个意思：这个学校并不适合粒粒，是否考虑换到更合适的地方。

只是没有直接说出“劝退”“转学”两个词。

粒粒妈妈很头痛，本来以为运气好，上了个好学校，没想到却变成坏事。

精英学校成了非尖子生的困境

这时，我看了一本书，是马尔科姆·格拉德威尔写的《逆转：弱者如何找到优势，反败为胜》，里面有一个真实故事令人深思。原先的故事很长，我用自己的话，概括一下：

卡洛琳一家住在华盛顿，她爸爸是技术公司职员，妈妈是一位会计。

当卡洛琳还是小孩时，最喜欢的是科学。“我常常趴在草地上，拿着一个放大镜，带着写生簿，观察昆虫活动，再把它们画下来。”

卡洛琳在公立高中时，一直是尖子生，每一门学科成绩都是 A，预修的大学课程也非常棒。所以，卡洛琳认为自己长大后一定会实现理想：学习科学，成为一位动物研究员。

在高二那年暑假，卡洛琳和父亲跑了几所美国大学，其中她最心仪排名也最靠前的是布朗大学。于是她申请了布朗大学，备选是马里兰大学。

幸运的是，她收到了布朗大学的录取通知书。布朗大学是常春藤大学，拥有更大的名气、更多的资源、更优秀的学生、更好的教师。很自然，她放弃了马里兰，去了布朗。

虽然心里有所准备——“大学跟高中不一样，自己不会仍是班里最聪明的孩子”，但卡洛琳还是遇上了困难，特别是在化学课上，她拿到了人生中的最低分 B-。班上的同学也充满了竞争意识，并不想和她分享学习经验。

大二那年卡洛琳选修了有机化学，结果更糟了，和那些思维敏捷、才华横溢的同学比起来，她尽管非常努力，但就是做不好。

在一次熬夜预习有机化学、课堂表现还是很糟后，卡洛琳准备放弃科学的方向，同时放弃她从小的理想。因为她觉得，和自己同学比起来，她在科学上毫无天赋。

其实，卡洛琳又不是想当一个有机化学家，有机化学也只是众多科学课程中一门而已。如果她能看到全美所有学习有机化学的学生排名，她就不会感觉这么糟糕，因为她处在中等偏上的位置。

但是，卡洛琳并不是十分客观，她只看到了布朗大学的同学，而没有去查看全美国的大学生。她不是拿自己和全美平均水平相比，她是拿自己和布朗大学的同学比较——那些全美最优秀、最聪明的学生。她是这个全美最大、最具竞争力的池塘里的一条小鱼，她的自信心被彻底击碎了。她觉得自己很蠢，尽管她一点儿也不蠢。

如果卡洛琳坚持她的科学梦想的话，她最好的选择不是聪明人扎堆的布朗大学，而是她的第二志愿马里兰大学。

卡洛琳的故事在美国非常普遍。

在美国，有一半的学生一开始选择 STEM，结果很多学生在大一或大二就放弃了，转而学习学术要求和压力更低的文科，这也是美国缺少受过优质教育的科学家和工程师的主要原因。

根据加利福尼亚大学的一项研究：学校学生的 SAT（美国高考）平均分每低 10 分，学生拿到 STEM 学位的可能性就会增加 2%。

马里兰大学新生和布朗大学新生的 SAT 平均分相差 150 分，所以，卡洛琳选择布朗大学的代价是：她拿到科学学位的概率减少了 30%。

除了放弃科学这一风险外，常春藤大学还有一个问题：非优等生在著名期刊上发表的论文（代表了一种学术成就，也代表了在这个领域的未来前途）比普通学校的优等生要少。虽然普通大学的优等生放到顶尖的常春藤大学，从成绩上来看最多也是末等生。

对极少数的尖子生来说，精英学校是一片宏伟天地，而对尖子生以外的大多数人来说，精英学校却成了一种困境，让他们意志消沉。

没有最好的教育，只有最适合自己的教育

以前有一句话："不想当将军的士兵不是好士兵。"

现在这句话没这么流行了，如果每个士兵都想当将军，这个部队肯定要乱。

但现在却有一句话：不想上清北的学生不是好学生。

在国际化的视野下，清北拓展成了常春藤、G5……

- 剑桥大学、牛津大学、帝国理工学院（Imperial）、伦敦大学学院（UCL）、伦敦政治经济学院（LSE）并称G5超级精英大学。

不管嘴上是不是挂着这句话，家长心之所系、行动指南还是这句话。

只是，能进入这些顶尖大学的孩子，不要说百里挑一，说千里挑一都不为过。

那么考不上名校的绝大多数孩子，难道他们的人生就索然无味、黯然失色了吗？

上名校固然令人向往，也值得努力，但是，一个人的成就，和他是不是名校毕业生没有必然联系。因为人生道路很长，毕业后的工作和生活阶段，不是以学习成绩也不是用从哪所学校毕业来衡量的。一张名校毕业文凭，并不是将来成功幸福的保证。

除了极少数异于常人的尖子生，对绝大多数普通人来说，到底是挤破头去当凤尾，还是优哉游哉做个鸡头，这取决于自己的个性。更适合去当凤尾的，是那些心理素质特别好，也就是脸皮“厚”的孩子，这样遭受连续打击也不会丧失信心，更不容易抑郁。

这还取决于自己的定位，是想做个优秀生里的普通人——“泯然于优秀”，还是做个普通人里的优秀生——“超越于普通”。

还是那句话，没有最好的教育，只有最适合自己的教育。

粒粒最后还是转了学，去了一所普通的公立学校学习。让父母欣喜的是，他的成绩居然能到年级排名前 30，只要保持这个水平，到了初三，他就会获得重点高中的分配生名额。

和之前相比，粒粒变得开朗、阳光，也恢复了学习的自信。

看来，做鸡头不是一种安慰，也并非是被迫的选择，有时甚至能成为一种更好的选择。那么，花生小升初派位即使进了普通学校，可能也没我想的那么糟。

◇ 一点思考

中国人这两种哲学，一种是宁为鸡头不为凤尾，一种是宁为凤尾不为鸡头，在英语里对应的就是：你是愿意在大池塘里做小鱼，还是愿意在小池塘里做大鱼呢？

在当今中国的“鸡娃”氛围里，第一种哲学显然落伍了——

但是，这样的选择就一定正确吗?

经常会发生这样的情况：对极少数的尖子生来说，精英学校是一片宏伟天地，而对尖子生以外的大多数人来说，精英学校却成了一种困境，让他们意志消沉。

没有最好的教育，只有最适合自己的教育。

>>>

第五章

好学校喜欢什么样的孩子

· · ·

在大多数名校面试官面前，一个从标准化流程里精心打磨出来的完美“产品”，可能还比不上一个有瑕疵的活生生的人。

他们更看重的，是孩子的内驱力和生命的激情，是具有领导力的潜能，在某个领域能引导别人和超越时代。

孩子得三年级水平，才能读一年级？

和幼小衔接班老师谈完，我妹妹立刻报了班

幼小衔接班，我本来以为是让孩子提前适应小学一年级的学习生活。

从幼儿园到小学，孩子面临着三重挑战，一重是上学习惯挑战，一重是人际关系挑战，还有一重就是学业挑战。

在幼儿园，虽然也学一点儿东西，但是学习不是强制的，学习成果也没有标准和要求，所以不存在过多竞争压力。即使孩子的习惯和自理能力有点儿问题，也会有老师帮忙。

一旦正式上学，对孩子的要求不一样了，同学间的竞争也不一样了，学习的强度和压力更不一样了，要养成上学的习惯，应对学业要求，处理好既竞争又合作的同学关系。从这些方面来看，孩子的确需要幼小衔接。

妹妹让布丁去试听一个幼小衔接班，我才发现，现在流行的幼小衔接，不是我想的那种——让孩子做好准备，应对正式上学的三重挑战，而是帮助孩子通过民办学校幼升小考试。

● 从2020年开始，江浙沪的民办学校取消各种形式的选拔，报名人数超过录取名额的全部摇号。

好一点儿的幼小衔接班，很了解各个优质民办学校的入学标准。老师大致看一下孩子，就能估摸出孩子能进哪类学校。针对某个热门学校，也能判断出孩子有没有希望去攻克。

以下是发生在老师和妹妹之间的对话。

老师问："孩子学过拼音了吗？"

妹妹骄傲地说："学过了。"

老师问："认字吗？"

妹妹自信地说："认识啊！"

老师问："认识多少字啦？"

妹妹："呃，没数过……"

想了一会儿，妹妹说："有200吧，哦，不，大概有400，哦不，不到400，300左右？对了，小布丁会写自己的名字。他也认识爸爸妈妈的名字。"

老师接着问："会做加减法吗？"

妹妹又自信了："学过啦。"

老师问："几位数？"

妹妹："两位数啊。"

老师："所有两位数？"

妹妹："不是，20以内的。"

老师换了个话题："会拍球吗？"

妹妹说："会。"

老师："能连续拍多少个呀？"

妹妹："大概 10 个。"

老师笑笑，问："那跳绳呢？"

妹妹说："会跳的，但跳得一般。"

老师问："一分钟能跳几下啊？"

妹妹："20 多下吧？"

老师和妹妹谈完，问了我妹妹的目标校，她又笑了笑："你可以尝试下，不过按照孩子目前的水平，恐怕得拼命才有希望。"

妹妹问："那要到什么程度，才叫有希望呢？"

老师说："我给你举个例子吧，去年我们这里一个家长，孩子认识 1500 个字，会 100 以内所有两位数加减法，拍球能连续拍 20 下，跳绳一分钟 90 个，也去了这个学校的游园会，孩子初试就被刷下来了。"

妹妹本来还在犹豫的，听了这番话就立马报班了。

还以为孩子学多了，没想到还是学少了

听说上海的幼升小比杭州还要难，上海的妈妈也比杭州的妈妈更鸡血，妹妹想，拿高一点儿的标准要求小布丁总没错吧！于是，她潜伏进一个上海幼升小家长群，看看那里的热门学校都考些什么。

她看到这么几道题：

第一题：小红站在队伍中间，前面 7 个人，后边 6 个人，问总共几个人？

第二题：上海最低温度 -2℃，最高温度 13℃，那么温差是多少？

她说：“第一道题还凑合，画出图来小布丁也懂了。第二道题怎么还有负数呢？负数小学学吗？我好像没印象啊。”

我对她说：“按照大纲，负数是初一才开始学的。”

除了负数这类特殊的题目，妹妹研究的结果是：上海优质的民办小学幼升小，一般的默认值是：孩子的学业水平要达到小学三年级。

这也就是说，你家孩子得三年级的水平，才允许来读我的一年级。

妹妹就有点儿崩溃：“我给小布丁做了这么多准备，也就是学学一年级的内容。如果小布丁已经到三年级的水平了，我们上学不还是从一年级读起吗？难道还能让他直接上四年级？”

一个上海的妈妈，私下里回答了我妹妹的问题：“说实话，道理大家都懂，什么都不学，上了小学，这不会那不会，其他小朋友都已经到三年级的水平了，老师上课一看，大家都会了，那我们这个问题就快速过一下好了，没学过的就蒙了……到后来老师觉得孩子跟不上，孩子嘛觉得别人都懂自己却什么都不懂，信心被打击，还被人孤立，所以提早学还是要的，环境决定了应该怎么教育孩子，和别人都不一样总归是不行的。”

我妹妹深受打击，她一直让小布丁学这学那，现在看起来除了钢琴和英语还不错，乐高会搭故事会讲，难道就是因为没学到三年级水平，所以择校就困难了？

我也觉得很震撼，本来我觉得，比起花生小时候，我妹妹让小布丁学得已经非常多了，没想到和同龄人比起来，还是学少了！比起花生小时候，小布丁算是牛娃了，没想到和别人家孩子比起来，仍然只是一个普娃！

到底要不要提早学？

那到底要不要提早学呢？

我理解那些所谓“优质”的民办学校，申请的人太多，必须有道门槛，筛选出他们认为“优秀”的孩子。

但是，如果“优秀”就等于学术水平高，认识多少字，会做多少题，对 6 岁的孩子还是比较荒唐的。这就好像是说，你只要提早学，你就是学霸，你只要按照年龄规律正常学，你就是学渣。

这样的学校，很可能并没有我们想象的那么“优质”，因为他们采用的，是一种简单粗暴但是并不科学的方法来衡量孩子。

天下父母都相似，德国家长也分“放养派”和“鸡血派”，对幼儿园要不要提早学知识也有很多争论。

德国政府为此做过一个实验：拿 50 个以游戏为中心的幼儿园，和 50 个以教授知识为中心的幼儿园做比较，看到底哪种模式更有利。

结果发现，孩子“提早学”的优势最多只能保持到小学四年级。到四年级以后，那些过早学习知识的孩子成绩出现直线下滑，在阅读和数学方面尤其明显，并且和同龄人相比，社交和情感方面也有劣势。

这个实验让德国政府紧急叫停了学前教育改革计划，要求所有的幼儿园必须以游戏为中心，不得提前教授知识。

不只德国，美国也做过类似实验，追踪时间更长，考察更全面。结果显示：当孩子成长到 15 岁以上，那些过早进行学科教学的孩子，在情感上更容易出现问题。

但是这些实验结果仅仅说明了，不恰当地提前学习知识，是有副作用和弊端的，并不能仅仅凭此就推导出：一点儿都不提前学，会对孩子更有利。

从现实情况来看，美国的公立学校和私立学校课程进度差异很大，普通公立学校三年级才学习的知识，在一些私立学校一年级就让孩子学了。难道这些私立学校和家长就不懂提前学也有弊端吗？其实，这反映了美国精英教育和大众教育不同的需求。精英教育偏向“鸡血”教育，大众教育则流于“放养”教育。

从选拔标准来看，其实可以采用一些更科学的方法来评价孩子的水平，在英国的一些优质私立学校，即使在小升初阶段，都不把学术水平放在考核的首要位置，而是进行一些能力测试：不过多考核孩子现有的学术水平，重点看孩子的思维能力和未来的潜力，在面试里还会看孩子有没有热情和内驱力。

也就是说，是不是“提前学”不是关键，也不必花费口舌做无谓的争论，关键要看家长和孩子的需求，更要看孩子在思维和潜力上的准备度。

不是什么都不学，而是要看学什么和怎么学

不是什么都不学，而是要看学什么。

有些需要童子功的东西要提早学，比如说音乐和运动。

只听说凡·高中年学画，齐白石大器晚成，却没怎么听说一个人20岁后学钢琴成为音乐大师的。

其实语言也是有敏感期的，早学还是有好处的，词汇量倒不是最关键的，培养听说读的语感更重要。

还有思维启蒙，可以从游戏中、从日常生活中潜移默化地学习，进行思维启蒙能力培养，而不是简单地提早学小学的课程。

非智力因素对孩子的终身发展更重要，包括良好的学习习惯、自主学习的能力、持之以恒的意志品质。孩子在幼小衔接时，也是培养

学习习惯的关键期。这个习惯，不仅仅是指上课习惯、作业习惯、做题习惯、阅读习惯……更是热爱学习、坚持学习的习惯。

不是什么都不学，同时也要看怎么学。

每个孩子是不一样的，对学习的准备度也是不一样的，对一些孩子是“提前学”，对另外一些孩子可能就是“按时学”，甚至“没喂饱”。对同一个孩子，可能他在语言上准备好了，在数字上就没准备好，也不是什么都要一起上。家庭启蒙教育如果能做到因材施教，对孩子来说就不算“提早学”。

还有，就是不管学什么怎么学，都要以保护孩子的好奇心和学习热情为前提。

另外，幼升小阶段，孩子的自信心也需要保护。

很多妈妈也会问，提前学会不会影响孩子上课认真听讲？

我的经验是，对于刚上学的稚嫩的孩子，首先需要保护的是自信心。孩子更喜欢学自己能把控的东西，而不是一片空白缺乏自信的东西。

所以，根据孩子的具体情况，家长让他提早接触一点儿小学知识，也并不是完全不可取，及早启蒙和培养思维更是十分必要。如果孩子能保持好奇心和热情，学习就是健康和科学的。

◇ 一点思考

不恰当地提前学习知识，是有副作用和弊端的，但是并不能仅凭此就推导出：一点儿都不提前学，会对孩子更有利。

从幼儿园到小学，孩子面临着三重挑战，一重是上学习惯挑战，一重是人际关系挑战，还有一重就是学业挑战。

不是什么都不学，而是要看学什么——像音乐、运动、语言、思维就要及时启蒙，像学习习惯、自主学习能力和意志品质也需要提早培养。

同时也要看怎么学——要看孩子的准备度，也要保护孩子的好奇心、自信心和学习热情。

小升初，一场神秘的选拔？

自从小升初取消统一考试，去好学校就更难了，因为仍然要考，还不公开。

这些牛校都是怎么招生的呢？

在2018年，甚至后面的2019年，海淀小升初想进六小强，主要的途径还是点招（2017年约招1000人，2018年约招1000人，2019年约招800人）。

点招都要看孩子的简历和证书：四、五、六年级《小学生素质综合评价手册》全优只是一个门槛，要看评没评上过三好学生或红领巾奖章——至少要区市级，拿没拿过奥数奖杯——最好是一等奖。至于英语过没过PET不太重要，如果能拿个FCE，可能会对上牛校的英语实验班有点儿用。

除了看简历，绝大多数学生还要通过六小强自己组织的考试。

第一道关是笔试，语数英都要考：

语文：要求文学素养和常识，含四大名著、大量古文古诗词。现在回头看，如果孩子把初中要求的古诗词和古文都熟练掌握，就基本差不离。作文不能落俗套，要写出新意和格局。

英语：阅读理解包括一些科技文章，比托福和雅思容易，相当于 PET 或国内中考水平。

数学：分数占比最大，也让家长最头疼，绕不开奥数。

连人大附中足球班（人大附中“三高”班）和清华美术班等（去年虽然取消了特长生，但特批项目还是保留），也要考文化课。

考试的第二道关是面试关：六小强不仅想要学习好的孩子，也想通过面试选取那些阳光自信、综合素质更高的孩子。

只是，我们要清醒地认识到，只有在笔试出色的基础上，六小强才看你的素质。考六小强或同水平优质中学，就和考国外名校一样，学习成绩好，是最低门槛。

能不能绕过考试呢？也能！

1. 六小强中唯一的派位校，是十一学校的三三制派位，为了就近入学，定点了学校周边的一些学区。

2. 登记入学，也就是小派位，面向全海淀区，六小强每个学校只有 40~80 个名额。我说过，中签概率比中体育彩票大奖高一点儿，比北京摇车牌号低一点儿。

3. 优秀到极致的简历或证书，比如连续三年三好学生，市三好，或者红领巾奖章（感觉 101 中学比较喜欢三好学生），前两年比如奥数杯赛一等奖……

那么，怎么能看出孩子有没有进入六小强的实力？

前面我说过，如果是在海淀区的非重点小学读书，孩子成绩要进入全年级前 1%；如果是重点小学，成绩大约要在前 5%。当然，如果学籍不在海淀区，这个难度就更大了。

花生的小学处于海淀区重点小学中等偏上的水平，他们学校这几年进入六小强本校的在前 5%~10%。

我当时没完全绝望，是因为花生虽然不能达到全校前 5%，但 10% 以内还是有的，这 5%，如果努力拼搏一把，还是很有希望的。

此外，六小强本校相当难进，但我也存了一点儿侥幸心理，我们也可以把六小强本校作为最高目标，把六小强的分校、民办学校、托管校等集团校作为更现实的目标，这下选择面看上去就宽了不少。

从成绩来看，一些六小强的民办学校，中考成绩和六小强相比，并没有统计意义上的差别。即使初中不能进六小强本校，在升高中时，六小强高中的政策还是会向集团校内部倾斜，也就是说会照顾本集团内部的学生，也有一定的直升比例，比起裸考上六小强高中部，还算是一种稍微简单一点儿的模式。

《论语》有云："取乎其上，得乎其中；取乎其中，得乎其下；取乎其下，则无所得矣。"

如果把《论语》中的这段话用在小升初上，意思是，你定了个六小强的目标，可能只能上个六小强民办学校，你定了六小强民办学校的目标，可能只能上个海淀区重点，如果你定了海淀区重点的目标，可能只能被派位，听命运安排大概率上个海淀普通学校了……

有家长会问，北京不是还有校额到校吗？那进个普校做鸡头不是更容易吗？不是听说考 500 分多一点儿的都进了人大附中吗？

- 校额到校，就是为了教育公平，重点高中分配给普通中学的名额，只要达到一定的分数线，比如按原先中考满分 580 分时是 500 分，2021 年中考改革后满分 660 分就要达到 570 分，只要在普通中学内部排名，不用全区竞争，就可以进入重点高中。

实施校额到校后，那些中考500分多一点儿的，进入人大附中高中，并不容易跟上同学的节奏和成绩。通过捷径过了中考，但是到了高考还有校额到校吗？最后还得看实力。

窄门看起来一开始不好进，但是最终好走的还是窄门，因为它对孩子的未来是有更大帮助的。

只是，不管是六小强本校还是六小强集团校，甚至于我们用来保底的花生本校的附中，目前看起来都没什么希望了，小升初的现实就是这么残酷，比我们想象的还难。我只好对自己和花生说："我们尽力就好。如果派位分到一个普通学校（大概率会是这样），那我们就需要加倍努力，等到中考再战，也还是有机会的。"

最后，我来总结一下，想进入六小强，有以下途径：

第一，看看你孩子的学习成绩是否处于小学前1%（普通校）或前5%（重点校）。

第二，如果达不到，就早点儿开始培养，努力达到，同时按照六小强考试标准备考。

第三，如果前两条实在做不到，或者说学习成绩不均衡，那就需要某一门学科特别厉害或有特长，比如奥数杯赛一等奖、足球（人大附中"三高"班）、美术（清华美术），英语嘛至少也要FCE证书……

第四，如果前三条都做不到，就退而求其次，进六小强民办、分校等集团校，到中考时以降低难度的玩法进入六小强高中。

第五，如果前四条都做不到，各位家长只好靠自己努力了，当上六小强的老师或清华北大人大的教职工，让孩子变成二代。

毕竟，如果拼孩子拼不过别人，就只好拼爹拼妈了……

◇ 一点思考

海淀小升初想进六小强，主要的途径还是点招。

考六小强或同水平优质中学，就和考国外名校一样，学习成绩好，是最低门槛。

窄门看着一开始不好进，但是最终好走的还是窄门，因为它对孩子的未来是有更大帮助的。

越来越灵活的考试：跨学科核心素养

“翻车”的作文，反映了孩子的格局

小升初有很多不确定因素，但也有不少东西是确定的，而且需要长时间的培养和积累，比如语文考试中作文需要的素养和格局。

花生第一次参加一家六小强小升初海选，作文题目是《我眼中的完美》。他写了完美生活就是住大房子、有一份好工作、可以经常吃美食和出去旅行……

我一听心就沉了下去：作文写出这么小的格局，我要是判卷老师，肯定不会给复试机会啊。

我想，是不是我们大人平时太贪图享受，出门总想吃好的住好的，无形中给孩子做了个坏榜样？

比如出去旅行住酒店，一般来说我们都会选四星或五星酒店，孩子一开始就像一张白纸，其实没什么想法，但跟着我们住多了，也就习惯了住得好。

花生四年级寒假，我们和妹妹一家去厦门，那次我选了市中心的一家如家酒店，而妹妹不想将就，带着小布丁住了洲际酒店。

住了两天，花生给奶奶打电话时说：“我们住的宾馆不怎么样，小姨住的宾馆比我们好多了，自助餐也特别好。”

在物质条件提升的今天，在某些方面我们教育孩子比以前更难了。以前孩子吵着要买贵的东西，我们可以说买不起；现在孩子吵着要买贵的东西，我们却要想出个好理由告诉他为什么不买。

孩子作文水平的高低，其实不仅仅取决于写作技巧，也和孩子的素养和眼界密切相关。这次作文“翻车事故”也提醒了我，平时就要注意自己的一言一行，以身作则，才能培养孩子正向的价值观，提升格局。

牛校的小升初，都考些什么题目？

我看了很多学校的小升初题目，即使是考试，即使是考知识，题目也出得越来越灵活了。有些数学题像语文题，有些语文题像哲学题，数学有时还会用英语考。

列举一些六小强小升初考试里出现过的试题（大多数题目来自十一学校的海选考试，从网络、论坛和家长群里整理得来）：

语文：

1. 选择一道古典七律或绝句想象一个小故事。

2. 先进行素材阅读——里面有 5 个人对人工智能提出了自己的看法，然后就“关于人工智能是否对人类造成威胁”的主题写一篇作文。

数学：

1. 小学六年来你上了很多数学课，请描写一节你印象最深的数学课，并针对你最熟悉的奥数内容进行介绍。同时，编两道类似的题目，并给出解题过程。

2. 一共 210 名学生，每 6 个人组成一组，要组织参观体育馆、博物馆、松林南苑、艺术馆和图书馆 5 个馆。要求每个组必须参观 3 个馆，其中艺术馆是一定要参观的，剩下的 4 个馆里任选 2 个。请问：每个组的参观组合路线，能否做到和其他组不重复？同时请说出理由。

英语：

提供三段演讲素材，还有三幅图片，先要把素材和图片一一对应。问：如果让你选择，会选择听哪个演讲，为什么？

科学：

下列诗句所描述的情景出现的时间与图中标示时间段对应正确的是：

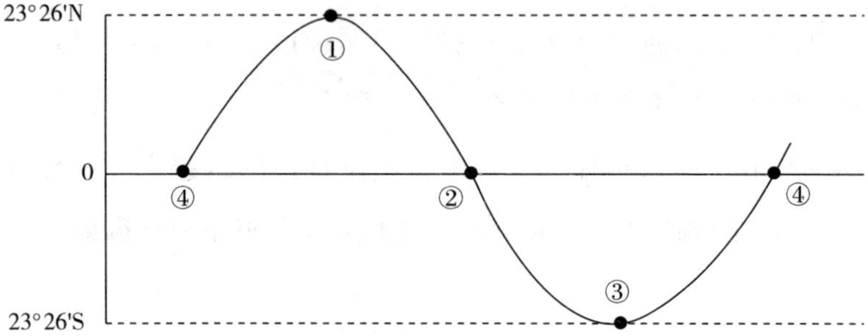

A. 今夜月明人尽望，不知秋思落谁家——④①之间

B. 半盏屠苏犹未举，灯前小草写桃符——③④之间

C. 接天莲叶无穷碧，映日荷花别样红——②③之间

D. 天街小雨润如酥，草色遥看近却无——①②之间

答案是 B。这句诗出自陆游的《除夜雪》，从屠苏酒和桃符可以看出古诗写的是春节，正处于③和④之间，即冬至（12 月 22 日前后）到春分（3 月 21 日前后）之间，太阳直射点从南回归线移动至赤道。

这些题目乍一看不算太难，也给了孩子很大的自由发挥空间，但要出色完成也不容易。因为这不是简单地考查知识点，而是需要孩子在大量积累的基础上灵活运用知识来分析问题解决问题，也要求较高的发散思维能力和独立见解水平。

一个越来越流行的考查趋势

更值得我们注意的是一个越来越流行的趋势：在越来越多的学科里，练习和考试都出现了大量的文字材料阅读。这种题型，有时叫“材料分析（阅读）题”，有时叫“应用探究题”或“操作与探究”，有时叫“科普阅读题”。其实，从本质上来说，这些题目都是“阅读理解题”。

阅读材料后解决问题：

2016 年北京市春季学期初中开放性科学实践活动共上线 1009 个活动项目，资源单位为学生提供了三种预约方式：自主选课、团体约课、送课到校，其中少年创学院作为首批北京市开放性科学实践平台入选单位，在 2015 年下半年就已经分别为北京教育学院附属丰台实验学校分校、清华大学附属中学永丰学校、北京市八一中学、中国人民大学附属中学等多所学校提供送课到校服务，并以高质量的创客课堂赢得大家的认可。

全市初一学生可以通过网络平台进行开放性科学实践平台选课，活动项目包括六个领域：A. 自然与环境；B. 健康与安全；C. 结构与机械；D. 电子与控制；E. 数据与信息；F. 能源与材料。

某区为了解学生自主选课情况，随机抽取了初一部分学生进行调查，并将调查结果绘制成了如下两幅不完整的统计图，请根据统计图回答问题。

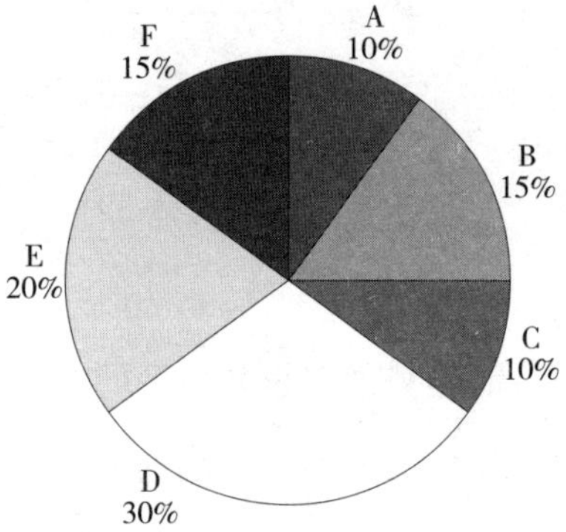

学生自主选课扇形统计图

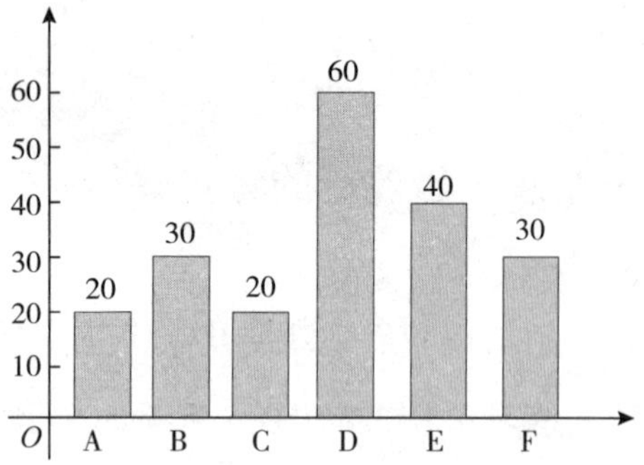

学生自主选课条形统计图

科普阅读题（共 7 分，每问 1 分）

（一）阅读《国际单位》回答 36 题。

国际单位制

测量实际上是一个比较的过程，就是将一个待测的量与一个公认的测量标准进行比较。

测量某个物理量时用来进行比较的标准量叫作单位（unit），物理量的单位分为基本单位和导出单位。物理学中基本物理量的单位叫作基本单位，如力学中的长度、质量和时间就是三个基本物理量，这些基本量的单位如米（m）、千克（kg）、秒（s）叫作基本单位。由基本物理量根据有关公式推导出来的其他物理量，叫作导出量，导出量的单位叫作导出单位。长期以来，世界上不同地区（甚至同一地区的不同年代）选定的测量标准各不相同。例如，测量长度时，我国过去采用的单位是“尺”（古代的“尺”与现代的“尺”

也不一样），现代的 1 尺≈0.3333 米；一些欧洲、美洲国家采用的单位是“英尺”，1 英尺≈0.3048 米。这样，同一物体的长度用不同的单位来表示，国际交流就会很不方便。

人们逐渐认识到，确定测量标准时，应当选取自然界中比较稳定、世界各国都能接受的事物为标准。鉴于这种认识，国际计量组织制定了一套国际统一的单位，叫作国际单位制（International System of Units，简称 SI），国际单位制是 1960 年第十一届国际计量大会通过的，国际单位制是从“米制”发展起来的国际通用测量语言，是人类描述和定义世间万物的标尺。

随着测量手段、测量能力的不断发展，自 2019 年 5 月 20 日起，国际单位制基本单位全部实现由物理常数定义，新定义用自然界恒定不变的“常数”替代了实物原器，保障了国际单位制的长期稳定性。为纪念这一里程碑式的变革，国际计量组织将今年“5·20”世界计量日主题定为“国际单位制——根本性飞跃”。

（二）中国女药学家屠呦呦获 2015 年诺贝尔医学奖，阅读关于她研究过程中的一段描述，回答 37 题。

屠呦呦与同事一起查阅了大量药方，最后整理了一个 600 多种包括青蒿在内的草药《抗疟单验方集》，从中找出了出现频率较高的抗疟中草药或方剂。可在最初的动物实验中，青蒿的效果并不出彩，屠呦呦也一度陷入僵局。

1971 年下半年，屠呦呦从东晋葛洪所著的《肘后备急方》一书中受到了启发。书中记载了“青蒿一握，以水二升渍，绞取汁，尽服之”的内容，屠呦呦由此认为高温有可能对青蒿有效成分造成破坏，从而影响疗效。

于是，她降低了提取温度，由乙醇提取改为用沸点更低的乙醚提取，结果发现，乙醚提取法的提取物对于鼠疟和猴疟的抑制率均达到100%！ 1972年，该成果得到重视，研究人员从这一提取物中提炼出抗疟有效成分青蒿素。

（1）最初屠呦呦提取的青蒿素抗疟效果并不好，屠呦呦由此认为________有可能对青蒿有效成分造成破坏，从而影响疗效；

（2）屠呦呦改用乙醚来提取青蒿素，因为乙醚的____低（选填“熔点”或“沸点”），加热的过程中乙醚________（填物态变化的名称），较低温度下成功提取抗疟成分青蒿素。

你们可以发现，这些题目本身就是大段的文字，如果孩子阅读速度不够快、理解能力跟不上，很容易产生来不及读题或者题没读懂的问题。

这种情况也会出现在幼小衔接时，有的孩子到了一二年级，数学题不会做，不是因为数学不好，经常是语文的问题——阅读理解不过关。

可见，语文是所有学科的基础，语文基础没打好，不管学什么学科都会碰到文字理解方面的问题。

上面出现的这些材料阅读题，还有一个名字叫“核心素养训练题”。现在国家强调“核心素养”，往大了说，是指学生应具备适应终身发展和社会发展需要的必备品格和关键能力；往小了说，中考和高考题目正变得越来越灵活，更着重考查孩子的跨学科素养和解决问题的能力。具备这些能力的孩子，也正是好学校喜欢的学生。

这些考查也需要建立在大语文基础上，也就是孩子平时阅读和思考的广度和深度。而仅仅靠刷题，是无法适应这种趋势的，家长需要调整纯应试的做法，从小培养孩子的素养和眼界。

那次六小强小升初考试失败后，我把一本书推荐给花生，是林语堂的《苏东坡传》。

我对花生说："苏东坡从才华、做人、做官到对生活的态度，都堪称完美，如果《我眼中的完美》，你能写苏东坡，一定很加分。"

随着时间推移，花生上岸的希望越来越渺茫，但经历了一年多艰难的小升初之旅，花生倒是变得越来越成熟。

在六年级的那个寒假，我和花生去上海看亲戚。订酒店时，我问他："这次要不要住个好点儿的酒店，你看文华东方怎么样？"

花生说："如果是我自己花钱，可能不会选这么贵的，会选个性价比高的，反正我们白天玩得这么晚，酒店的设施我们也享受不了太多。不过，现在是妈妈你花钱，你想住什么我就跟着你。"

一般来说，随着孩子长大，各方面素质也会慢慢提升，这其中，好的家庭教育能成为关键的助推力。

说到底，一个人接受教育，就是用文明来矫正本能，提升格局并发挥潜能。

◇ 一点思考

一个越来越流行的趋势是：在越来越多的学科里，练习和考试都出现大量的文字材料阅读，这类题目另一个名字叫"核心素养训练题"。

往大了说，是指学生应具备适应终身发展和社会发展需要的必备品格和关键能力；往小了说，中考和高考题目正变得越来越灵活，更着重考查孩子的跨学科素养和解决问题能力。具备这些能力的孩子，也正是好学校喜欢的学生。

这些考查也需要建立在大语文基础上，也就是孩子平时阅读和思考的广度和深度。而仅仅靠刷题，是无法适应这种趋势的，家长需要调整纯应试的做法，从小培养孩子的素养和眼界。

成绩只是最低门槛：考 985 难，申请 TOP100 烦

申请好学校，首先一定要成绩优异

我有一个同学的女儿考上了剑桥大学，我知道孩子从小练习钢琴和长笛，几年前就拿下了英皇 8 级，于是就问她："是不是因为有特长才被剑桥录取的？"

她的回答很肯定：不是的，剑桥和牛津都喜欢成绩好的学生，特长什么的不是很重要。

我看到她高中的成绩单，全是 A+，除了一门英文是 A（她小学高年级才到英国，英语对她来说是非母语）。

我的另一个同学，儿子上了美国排名第一的文理学院威廉姆斯学院。

我向同学咨询了申请全过程：最迟孩子初一就要开始准备了，以便高中能进入优秀的国际学校或者排名靠前的公立学校国际部。

通常情况下，在初三，孩子就要有足够优秀的托福或雅思成绩。在北京，托福 100 分以上已经不能成为竞争优势，要到 110 分以上才能保险。

到了高中，要选择就读哪个体系的国际课程，申请美国大学一般

是 AP，英国是 A-level，还有更难的 IB，欧美都有。以申请美国学校为例，孩子平时学业考试和每次校内考试都很重要，因为这决定了他成绩单的 GPA（绩点，也就是每门学科的平均校内成绩）。我同学的儿子在高中，每学期各学科成绩都是 A。

然后要备考 SAT（等同于美国高考，还有一种是 ACT），光备考还不够，国内没有 SAT 考场，家长还要帮孩子在世界各地订考位，离中国近一点儿的考位都很抢手，一出来就要抢。家长早就设好闹钟，一旦放出考位，就开始秒杀。有时订好的考位，还会因为考试取消而作废，这就很麻烦，需要重新预订。

中国考生或华裔考生在考试上都很厉害，标准化成绩比如 SAT 能考出很高分数，这造成入学竞争异常激烈，进一步推高了名校对华裔的录取分数线。

和华裔相比，欧美本国人申请名校也不容易。英国像伊顿公学那样的贵族学校，我们总觉得是素质教育吧：重视体育训练——经常组织各种联赛；注重品德和社会责任感——一到假期就做义工做慈善。但是这些学校的毕业生想去好大学，还是要看 GPA 和 A-level 成绩。

美国孩子也一样，如果想申请 TOP30 的大学，首先得成绩优异。

美国加利福尼亚州排名第一的惠特尼高中，一个曾获普利策新闻奖的记者跑到那里调研，写了一本书叫《美国最好的中学是怎样的》。在书里，他强调一个关键数字“4”——每天 4 小时睡眠、4 杯咖啡、4.0 的 GPA 成绩，这就是美国好高中的日常。

人们总认为中国优质教育资源稀缺，所以北大、清华才这么难考。其实头部教育资源在哪里都是稀缺的，英国人考牛津、剑桥，美国人考哈佛、耶鲁、普林斯顿，都一样要刻苦努力，在哪里都没有轻轻松松的成功。

就像我这两个同学的孩子，上国外名校，成绩好是入场券。

上国外名校，除了成绩还需要什么？

不像国内高考，考985只看成绩，进国外的好学校，成绩只是最低门槛，还得看很多其他东西。谈到这个，很多孩子走留学道路的妈妈都感慨：进985难，申请TOP100烦！

那么，比起中国高考，除了还需要多考一门语言成绩（托福或雅思），申请国外名校还要看什么呢？

1. 孩子的课外活动，有没有突出的特长？或者有没有深耕的领域？

这个特长不是说你排到全区第一、全市第一就够了，真的得是特长。比如说体育全国前30，艺术全国一等奖什么的。

2. 孩子的社会实践、社团活动、社工时长、游学经历……

去海外上夏校只是很狭窄的一方面，也不一定有用。现在很多留学机构会专门为孩子打造这方面的经历，做出一张漂亮的简历，比如说去边远山区支教，去非洲保护野生动物……只是用得多了，也不像以前管用了。

3. 知名教授或权威人士的推荐。

夏校经历不见得一定用得上，但倘若夏校学习后，拿到知名教授的推荐或背书，就非常有说服力了。刚才提到的我同学的儿子，高二暑期，他去美国罗得岛艺术学院学习了6周，因为表现出色，一个全美知名的教授为他写了一封推荐信，在他申请威廉姆斯学院的过程中起到了重要的作用。

4. 申请文书也要写得好。

文书一般是需要经过包装的，但不能让招生官看出套路，一定要有个人的特色，陈述自己在某个领域的激情和能打动人的社会理想。

5. 很多学校还有面试关。

能获得牛津、剑桥面试资格的学生，据说已经很牛了。但是面试非常难，我有朋友的孩子参加过面试，尽管经过精心准备，到了现场还是会对一些问题摸不着头脑，应对起来有点儿困难。据说，在面试过后，还会刷掉70%的学生。

而美国名校的面试官，眼睛都很“毒”，能看出哪些回答是经过包装并且精心准备的，其实并不是孩子内心深处的想法。在大多数情况下，他们也能筛选出真正有激情有想法的孩子。

当然，以上说的这些都算是有标准的。还有一些家长向我反映，不管是面试还是最终拿到offer（录用信）都要凭运气。有些孩子看上去成绩优异，简历也很完美，回答问题也应对自如，但还是会莫名其妙地落选；而另外一些孩子，看上去并不是特别优秀，有时也会被天上掉下的馅饼砸到头上。总之，申请国外名校，不仅仅是一场优秀的比拼，优秀的孩子太多了，在同等优秀的情况下谁拿到offer谁拿不到，也有一定偶然性。家长也会苦中作乐，把这称为玄学。

从美国名校舞弊案到哈佛的录取标准

2019年，美国的教育界出了一件大事，就是不少TOP30的名校，包括耶鲁、斯坦福、南加大等爆出招生舞弊丑闻，包括雇用枪手考试、在考试中作弊，以及伪造无中生有的体育特长，凭此特招入名校运动队。

这些舞弊案，使大家质疑美国复杂而微妙的大学录取规则和名校的录取偏好，作为哈耶普三名校之首，哈佛大学又站在了风口浪尖上，其招生规则遭到大家近距离的围观。

2018 年 10 月，美国亚裔对哈佛发起的歧视诉讼中指出，哈佛的“不公正”录取规则里包含了对亚裔学生的歧视和对精英子女的偏好。比如说杰出运动员、哈佛大学毕业生的子女、有钱的捐赠者、社会名人、哈佛教职工的子女都会被优先录取。白人比例更是要强行过半。

这些可以被优先录取的人，只占到哈佛申请者的 5%，但在最后的录取结果中，却占到新生的 30%。

2019 年 3 月 7 日，哈佛大学公开的一份报告又引发了争议。报告显示，在哈佛就读的 2021 届毕业生中，有三分之一的学生属于“哈佛二代”——他们家里面不管是父母、祖父母还是亲戚，总有一个人是哈佛校友。有 46% 的学生，是来自年收入超过 50 万美元的富裕家庭。而 2018 届毕业生中，这个富人子弟的比例还只是 26.6%。

面对控诉，哈佛的辩解是，哈佛是私立大学，有权利自己决定录取标准。

其实，美国前 20 名的大学基本都是私立的，包括麻省理工、斯坦福、耶鲁、普林斯顿、宾夕法尼亚、加州理工等。而私立大学的运营，除了依靠学费，其他主要依靠捐赠。

根据 Endowments.com 网站显示，2017 年，哈佛大学基金会资产规模为 327.8 亿美元，居全美第一。而美国大学基金会的收入，主要来自捐赠和对现有资产的投资回报。在捐赠方面，哈佛大学和斯坦福大学长期交替稳坐全美第一、第二的宝座。

所以，就算没有暗箱操作，精英大学被富豪或特权阶层暗中把持，也没什么好大惊小怪的。亚裔起诉哈佛招生歧视，最后也以败诉告终。

认真学习，是一个学生的本分

有些家长认为中国教育是应试教育，别说上北大、清华，就是考985大学也很难。孩子一路应试教育过来太艰辛了，想让孩子轻松一点儿，不要这么辛苦。于是早早地让孩子去了国际学校，或者作为小留学生去国外读高中甚至初中或小学。

但是到了后来，这些家长却又发现，要去国外上个好大学也很辛苦，而且同样绕不开应试。

不管在哪里，考试都是逃不掉的。因为，有选拔就有竞争和考试；而且学生的本分就是学习，能够认真学习，是一种责任心和上进心的体现，能够取得好成绩，也是一种毅力和能力的体现。

而且，申请国外大学比在中国高考更艰难，比起考试，那些特长、课外活动、名师推荐等准备，需要一个家庭在时间、精力和金钱方面有更长期、更巨大的投入，甚至还要求家长有一定的社会背景和资源。

有一次我和花生聊天："你们学校素质教育做得很好，就是学习没有其他学校抓得紧。这样的话，你自己需要抓紧点儿。"

花生回答我："学习不能抓得太紧，否则会扼杀我的创造力。"

我说："以前我也没怎么抓你学习，你发展出了啥与众不同的创造力，说给我听听呀？"

他想不出来。

其实世上90%的孩子，即使不学习、不应付考试，他也不会腾出手来发展出什么特别的创造力，个性倒是有了——就是特别叛逆的那种。

再说，创造力不是凭空而来的，都要建立在一定的知识积累上。而一定的压力才能倒逼人学习，就像我在大学里，对于一些自己没太大兴趣但又很有用的课程，总是要到考试前总复习时，我才真正学进去。

中国的高考制度和应试教育存在不少缺点，也不够完美，但这些年来，国家也在不断进行改革，把体育、美育、劳动教育、志愿者服务等更多的素质教育纳入其中。从目前来看，高考还是一种相对公平的机制，其底层逻辑是一分耕耘，一分收获，奖励的是努力，而不是权力和金钱。

◇ 一点思考

人们总认为中国优质教育资源稀缺，所以北大清华才这么难考。其实头部教育资源在哪里都是稀缺的，英国人考牛津剑桥，美国人考哈佛耶鲁普林斯顿，都一样要刻苦努力，在哪里都没有轻轻松松的成功。

上国外名校，标化成绩（标准化考试成绩，比如美国高考 SAT）只是最低门槛。除此之外，还要看：

英语成绩（托福或雅思）；

孩子的课外活动，有没有突出的特长或者深耕的领域；

孩子的社会实践、社团活动、社工时长、游学经历；

知名教授或权威人士的推荐；

申请文书的写作；

很多学校的面试关；

还有说不清道不明的运气……

虽然中国的高考制度和应试做法存在不少缺点，也不够完美，但不管在哪里，考试都是逃不掉的。因为，有选拔就有竞争和考试；也因为，学生的本分就是学习，能够认真学习，是一种责任心和上进心的体现，能够取得好成绩，也是一种毅力和能力的体现。

藤校招生官：华裔孩子的优秀惊人相似，但是缺少一种能力

美国家长也在为升学发愁

当我为花生的小升初苦恼、妹妹为小布丁幼升小焦虑时，我几个在美国的朋友也都在为孩子的升学问题发愁。

进名校，光成绩好已经不够用了，全A也不行！

我的朋友Connie，她和老公都是哈佛的毕业生，两个孩子，哥哥会弹钢琴，弟弟会做小发明，都聪明活泼、真诚热情，我看着都羡慕。即便如此，她还在为两个孩子的教育问题烦恼——因为没有及早开始准备，为两个孩子申请一所私立校都没有成功。

而她的朋友芳芳，从孩子5岁起就开始帮孩子规划人生，她是这么对Connie说的："如今华人的孩子，光凭成绩好根本进不了藤校，必须培养一门特长，特别是体育特长。但对于亚洲人来说，篮球、橄榄球、排球根本拼不过黑人和白人，棒球和网球练的人又太多，而以前冷门的高尔夫球和击剑，虽然花费不菲，但如今华人也蜂拥而上。"

芳芳为孩子选了一门小众又不是很贵的运动——壁球，练了几年，她的孩子打进了全美前20。

Connie 另一个朋友 10 岁的儿子，刚进了全美排名第一的私立校。在亲友纷纷庆祝时，朋友吐露了一路以来的艰辛："要考上这个学校，不仅要花几千美元请老师一对一辅导，还要打磨孩子的写作能力、申请文书和面试的技巧，技巧痕迹太重了也不成，要打磨到既有技巧又看不出技巧才是王道。"

她还说："我当年考美国医生资格证，都没这么累！因为那时我自己努力就行，但是申请名校却需要控制孩子的表现，这太难了。"

简历完美成绩全 A，为何还进不了名校？

那么，成绩全 A，再加上有超人的特长、耀眼的奖项，就能进名校了吗？

美国的华人家长圈，前不久在热议一个申请名校的孩子的简历：

> GPA4.0，全美 AP 学者奖，北美高中 Quiz Bowl 比赛冠军队主力，学钢琴 11 年，作曲 5 年，国家级钢琴比赛 B 组最高奖，10 岁时出版两本小说，当地电台主持人，上过当地报纸，累计 300 小时公益活动，跆拳道黑带……

这样闪亮的简历，在名校面前，她一定所向无敌吧？还不得收到一堆 offer？

结果是，她报考美国排名前 25 的大学，通通被拒了！

有个在美国的朋友吐槽："现在的面试官，脾气真是摸不透。如果对路了，成绩差点儿也能进。如果不对路，成绩再好，特长再牛，也进不去！”

而诡异的是：一个喜欢美食的女孩，因为申请文书里表现出自己对比萨深沉和执着的爱，前一段时间被耶鲁大学录取了。

还有一个高中女生，因为一篇吐槽自己穿内衣的文章，竟然被哈佛大学录取了！

这让那些拥有优秀履历却进不了耶鲁、哈佛的华人孩子情何以堪？

让我们看下所谓的优秀华人孩子的标准简历：

托福成绩 110 分以上，SAT 成绩 95% 以上，担任班长、大队长，专注于一两个运动项目，会弹钢琴，得过一两个科技或者其他的奖……

感觉他们都是从标准化流程里精心打磨出来的“产品”呢！

但是，在大多数名校面试官面前，一个完美的“产品”，可能比不上一个有瑕疵的活生生的人。

他们更看重的，是孩子的内驱力和生命的激情，是具有领导力的潜能，在某个领域能引导别人和超越时代。

而过于结果导向的家长，以自己的判断去设计孩子的兴趣，以功利的目的去培养孩子的特长，弄得每个小孩都像标准化的产品，装备了各种炫目的技巧，却丧失了自我的个性和生命的热情。

拒绝“履历正确”，人生要自己设计

不符合自己内心的追求和理想，即使看上去再“履历正确”、再优秀完美，那也是假的。演技再好，或许可以假装一时，却不能假装一世。

被别人设计的人生，最终不是在别人的羡慕中郁闷空虚，就是绕了个大圈回到自己要走的道路上。

我的表妹，因为当年建筑行业前景好，加上家里有人在该行业做领导，所以被父母要求学习建筑专业。

她成绩很好，也考上了浙江大学建筑系，毕业后进了省建筑设计院，有了一份收入和地位都体面的、别人眼中的好工作。

但是，她内心的愿望从来都不是搞建筑，而是研究生物。

苦闷地从事了 8 年建筑设计后，30 岁的她决心活出自己的人生，不顾家人的坚决反对，她抛弃了自己前面所有学的东西和工作经验，开始重新学习生物。

而仅仅过了 10 年，她已经是北美名校的生物学博士，做的研究也得了国际奖项，被全球多家生物公司和机构抢着邀请加入。现在的她，在波士顿一家大制药公司专门开发抗癌靶向药物。

在中国，刷题被认为是高三学生的“主旋律”，而杭州高级中学国际部 2018 届高三学生，却有不少不好好在学校和家里学习，而是跑出去看世界或做些稀奇古怪的研究：

> Saco 用西式的塔罗牌和中式的八卦研究命理学；
>
> Zoe 去亚马孙数雨蛙、金刚鹦鹉，甚至尼罗鳄；
>
> Mary 去非洲保护世界上最后一头雄性白犀牛。

就是这三个“不务正业”的小姑娘，却都在今年上半年收到了美国名校的 offer。

Zoe 说：“因为我从小就喜欢小动物，一度梦想成为兽医。所以当初听说有科考活动，毫不犹豫就报名了。”

她坦言：“现实和想象还是有距离的，科考真的不容易。上船第一天就下雨，雨水漏进船里，打湿了半张床，简直没法睡。”

一个人能走多远，关键是隐藏在冰山下的那 90%

一个人的综合素质就像一座冰山，露在上面的是知识和技能，这仅仅是浅层的技能，是容易后天习得的；而隐藏在水面下的 90%，是他的价值观、态度、个性和动机，这才决定了一个人究竟能走多远，有多大成就。

美国的文化里，对一个人的至高称赞，是“你具有 leadership（领导力）”，这也是一个人优秀的标志，和知识技巧并没有绝对的相关性，却和价值观、人格密切相关。

约翰·麦克斯韦尔的《领导力的 5 个层次》里，写到了领导力从低到高的 5 个层次。

> 第 1 层：职位——人们追随你是因为他们非听你的不可；
>
> 第 2 层：认同——人们追随你是因为他们愿意听你的；
>
> 第 3 层：生产——人们追随你是因为你对组织所做出的贡献；
>
> 第 4 层：立人——人们追随你是因为你对他们所付出的；
>
> 第 5 层：巅峰——人们追随你是因为你是谁以及你所代表的东西。

高层次的领导力不是当了领导才有的权力，而是有了正向的价值观、态度、人格和动机而凝聚起来的力量，再付之于行动，自然而然成为领袖，让众人追随。

高层次的领导力不是地位赋予的权力，也不是知识和技巧带来的能力，而是发自内心的激情和热忱，驱动自身做更好的自己，并愿意为大家服务和奉献，引领众人前往更高的境界。

培养孩子的领导力，是要激发他生命的激情和内驱力，自己推动自己，关注并服务于自身以外更大的世界。

如果父母为孩子精心设置的人生规划，只是一心想让孩子做个精致的利己主义者，抱歉，这样的人，即使再有钱混得再好，也是没有领导力的，也无法担得起“优秀”这两个字。

一个人的存在，如果没有使得世界变得更好，那么，他自己拥有的金钱和财富，又与我们何干呢？又有什么值得我们赞美的呢？

让孩子做回真实的自己，才是迈向优秀的起点

其实，领导力不独是美国和西方的概念，在中国古书里也可以找到类似的概念——“心真则事实，愿广则行深。”

愿广行深的前提是心真事实，孩子如果不喜欢动物、不喜欢环保，你却要为了简历好看，要求他跑到南美数雨蛙，跑到非洲保护犀牛，估计没几天他就会落荒而逃。

所以，你不必看到别的孩子因为保护白犀牛而获得名校 offer，就简单地去模仿。

这当然是个极端例子。更普遍的例子是，如果你的孩子不喜欢不适合打壁球，你也不必模仿芳芳去给孩子设计一条壁球之路；或者你的孩子对弹钢琴压根儿就没兴趣，你不必因为想让孩子变得更艺术而逼着他学钢琴。

不是所有的孩子都适合去发展运动或艺术天赋，如果他喜欢研究命理、喜欢设计游戏，就别硬拦着他要给他纠正到“正途”上。因为，一个迎合父母迎合大众建立起来的“伪自我”，即使看上去再完美，也是经不起拷问和试炼的。

让孩子去做自己，即使看起来不怎么完美，不怎么符合大众眼中的优秀标准，但是让他独立思考，知道什么对自己最真实、什么对自己最重要，这反而是迈向优秀的起点。

就像电影《无问西东》里，民国清华学生吴岭澜因为各种考虑，对学文还是学理拿捏不定。

当时的教务主任梅贻琦对他说："学文还是学理，不是按学哪个前程更好、对自己更有利，甚至对社会更有利去衡量的，而是，人应该遵从内心那个真实的自己。"

那什么是真实呢？

"什么是真实？你看到什么，听到什么，做什么，和谁在一起，要有一种从心灵深处满溢出的，不懊悔，也不羞耻的平和与喜悦。"

对于"优秀"的标准，或许每个人都有自己的看法，见仁见智。但是，能够确定的一点是：优秀的前提绝不是假装，更不是父母的精心安排，而是发自自己内心的真实。

真实，才是最强大的力量，也是迈向优秀的起点。

◇ 一点思考

在大多数名校面试官面前，一个从标准化流程里精心打磨出来的完美"产品"，可能还比不上一个有瑕疵的活生生的人。

他们更看重的，是孩子的内驱力和生命的激情，是具有领导力的潜能，在某个领域能引导别人和超越时代。

不符合自己内心的追求和理想，即使看上去再

“履历正确”，再优秀完美，那也是假的。演技再好，或许可以假装一时，却不能假装一世。

被别人设计的人生，最终不是在别人的羡慕中郁闷空虚，就是绕了个大圈回到自己要走的道路上。

培养孩子的领导力，是要激发他生命的激情和内驱力，自己推动自己，关注并服务于自身以外更大的世界。

让孩子去做自己，即使看起来不怎么漂亮，不怎么符合大众眼中的优秀标准。让他独立思考，知道什么对自己最真实、什么对自己最重要，很有可能反而是迈向优秀的起点。

我那个上斯坦福的女同学，真的已经出家了

出家的斯坦福毕业生

在我正为小升初迷茫的时候，静严居士约我见了面。她送了我一本台历，第一页上写着："不怕一丈走不到，只怕寸步不移。"

同时，她还给了我一块白色纯棉手绢，上面手绣了两个字"感恩"，寓意是减少使用纸制品；还有一块手工做的植物皂，寓意是让身体面容洁净。

静严居士是我的同学，大学毕业工作几年后，她去读了斯坦福并定居美国，在长岛也买了大房子。

后来，她回到杭州创业，开了一家电子游戏公司。如今她出家了，只是没在寺庙，带发在俗世修行。为了发清净心，她把公司的具体管理工作交给别人，每月仍会回公司主持一下，另外保留股份以维持家庭生活。

女儿上学了，家里也不再需要保姆和父母带孩子，所以她把原来的房子卖了，租了一间 40 平方米的房子和女儿一同居住。

一开始她没有要求女儿素食，但渐渐女儿也喜欢上了素食。静严自己过午不食，她教女儿煮五谷粥，做蔬菜饼，只穿纯棉纯麻素色或植物染色衣物。

家里没有网络、没有电视，平时娱乐以去大自然活动或读书为主，把物质欲望降到最低，只保留维持生活需要的基本物品。

静严不上班也很忙碌，主要是需要大量时间做功课——研修经文，另外就是做义工、推行素食，也经常前往寺庙里帮助干活。

静严去年主要在研习《华严经》，听闻我熟读《金刚经》，她露出愉悦笑容，说我有慧根，《金刚经》讲究空性，最是难懂。

我汗颜，我只是喜欢看杂书，品种不限，并未把佛教当宗教，而是拿佛学当哲学看，就像冯友兰在《中国哲学简史》里说的："中国人不那么关切宗教，是因为他们太关注哲学了。"

但我还是个大俗人，烦心甚炽，离出家的境界还差了十万八千里。

静严和我，刚好是我们那届的两个优秀毕业生，她比我成绩更好、更好学，而且走得更远。

爬得了"藤"，也要攀得上价值观

央视的《朗读者》节目，请来过一个叫作秦玥飞的小伙子，是耶鲁的高才生。他 20 岁时以托福满分的成绩考入美国耶鲁大学，并获得每年将近 5 万美元的全额奖学金。当他 26 岁从耶鲁毕业并获得两个专业双学士后，他却选择了一条"奇怪"的道路——回到中国，来到湖南一个贫穷小山村当上了"大学生村官"。

他帮村民引进 80 万元现金，建了多个公共项目，被村民称为"耶鲁哥"，并在 2016 年被评为"感动中国 2016 年度人物"。

颁奖词是这样说的——

"在殿堂和田垄之间，你选择后者，脚踏泥泞俯首躬行，在荆棘和贫穷中拓荒，洒下的汗水是青春，埋下的种子叫理想，守在悉心耕耘的大地，静待收获的时节。”

我的朋友Connie是哈佛MBA，人到中年，她把自己咨询公司的业务量降到最低，而选择了偏重精神生活和影响力的道路。今年她做得最多的事情是设计课程并讲课，帮助中国女性的精神成长。她在《人生的选择》中写道：

“到了自己离开这个世界的时候，我会留下些什么？人们会记得我什么吗？我有没有正面积极地影响过他人的生活？

“人们会记得我完成了多少销售业绩，还是会说我负责了多少项目、促成了多少生意？我想这些都不重要，我不求作为社会领导者改变所有人的生活，只求能够在生活中，在和每一个人接触的过程中，给他人带来一点儿光，一些帮助，一丝正能量，就足够了。”

好教育的“风险”

在马斯洛需求层次的底层，人们还不在乎生命的意义，只注重物质和安全的需要。

而优秀的教育，是让人在解决起码的底层需要时，去追求更高的理想——精神方面的自我实现甚至超越自我。

而那个自我，那条追寻自我和超越自我的道路，通过教育和心灵的开发，可能是一开始自己和父母都想象不到的。

触及灵魂的好的教育就是要追问生命的意义，请问你了解这个“危险”吗？

现在的国际学校都倾向所谓的“贵族”教育，而真正的贵族，是把责任感、荣誉感放在第一位的，如果发生战争，如果发生灾难，贵族可是要时刻准备着，身先士卒去保卫祖国和家园，救助人民的。

英国最著名的贵族男校伊顿公学，毕业生中走出过陆军元帅威灵顿公爵和一大批战士。“一战”时有5619个伊顿人参战，其中1157人牺牲，13人获得了维多利亚十字勋章。“二战”时有4960人参加了战争，745人牺牲，5人获得了维多利亚十字勋章，3人获得了乔治勋章。

对于家长来说，我们总想给孩子最好的教育，但是考虑过触及灵魂的教育的后果吗？我们愿意让孩子放飞自己吗？如果和我们的初衷相反呢？

这就是好教育的“风险”。

就像王小波说的，一个人只有今生今世是不够的，他还应当有诗意的世界。

这诗意，或许在非洲，或许在落后的农村。如果只和现实的金钱、地位、名利、个人享受挂钩，那是功利，而非诗意。

每个家长都信誓旦旦地说要给孩子最好的教育，在国际学校、私立学校和公立学校之间纠结，但是比起人生意义的大问题来，这些都是小问题，只是不同的路径而已。然而，这路径必然影响教育的深度，越是好的学校，越是好的教育，越是会引领你走向意义这条精神道路，越是会鼓励奉献和付出大于索取。

静严送我的台历，前两页上写的是：

付出其实就是最大的收获。

宁静最美，安定最乐。

◇ 一点思考

在马斯洛需求层次的底层，人们还不在乎生命的意义，只注重物质和安全的需要。

而优秀的教育，是让人在解决起码的底层需要时，去追求更高的理想——精神方面的自我实现甚至超越自我。

而那个自我，那条追寻自我和超越自我的道路，通过教育和心灵的开发，可能是一开始自己和父母都想象不到的。

触及灵魂的好教育就是要追问生命的意义，请问你了解这个“风险”吗？

>>>

第六章

身心健康是我们的刚需

· · ·

对学习兴趣不大、成绩也一直很一般的“普娃”，最好的策略，并非鞭策他和那些“牛娃”在一条跑道上竞争，而是“差异化生存”。

孩子没上牛校，是陪读妈妈的失败？

成为高分好奶爸的秘密

在妹妹眼中，在小布丁的教育上，我妹夫起到的作用很有限。

妹夫带孩子，最常见的方式是：“小布丁，有个电影很好看的，我们一起看好吗？”小布丁立马兴奋地点点头。

我妹夫刚打开电视，妹妹就像一个监察员般出现了：

“小布丁，你练习弹曲了吗？你英语绘本看了吗？你练拍球了吗？”

在一连串灵魂追问下，小布丁像个泄气的皮球，本来人长得就小，现在更缩小了一圈。然后他像找到什么好理由，整个人又挺起来，迅速“背叛”了爸爸：

“不是我要看的，是爸爸让我看的电视！”

小布丁成功地把妈妈的炮火引到了爸爸身上，妹妹开始埋怨妹夫：“以后能不能不看电视？你就不能陪他看会儿绘本？或者搭会儿乐高？就是打打篮球也好呀！”

比起爸爸，妈妈总是更注重孩子的教育。可能对男人来说，娱乐就是娱乐，对女人来说，娱乐也是教育，寓教于乐必须贯彻到孩子生活中的每分每秒，否则就是浪费时间。

我妹夫是个帅哥，平时喜欢踢球、吃美食、看电影、旅行。这些习惯，直到和我妹妹结婚，也没有任何改变；直到有了小布丁，也没有任何改变。

但是，妹夫的人生虽然没有发生巨变，他的人设却发生了巨变——在别人眼里，他从一个无忧无虑的好青年变成了一个 90 分的好爸爸。

他依旧无忧无虑，踢球、健身、看电影、吃美食，风雨无阻，不管小布丁是要吃饭、睡觉、上课外班、去幼儿园，还是要陪学英语，陪练钢琴……这些，自然都是我妹妹和保姆的工作。

对于他扮演的爸爸这个角色，高标准严要求的妹妹，只给妹夫打 60 分——勉强及格。

妹妹认为妹夫有很大的提升空间，可是别人纷纷给妹夫打 90 分。

在十次踢球的其中一次，妹夫会带着小布丁去看足球比赛——

队友看到小布丁，对妹夫说："哇，孩子都带来啦，简直是劳模爸爸。"

在五次下馆子的其中一次，妹夫会带着小布丁一起去吃饭——

吃饭时朋友老婆看到小布丁，对老公说："看，你出去和同学吃饭什么时候带过小宝啊?! 好好跟人家学学。"

在三次看电影的其中一次，妹夫会带着小布丁一起去看电影——

看《速度与激情》时，小布丁说："我害怕。"妹夫对小布丁说："男子汉，要大胆一点儿。"电影结束时，妹妹看到邻座的几个女人向妹夫投来敬佩的目光。

在每次出去旅行时，妹夫都会和妹妹带着小布丁一起去。所以，很自然，在练了一年钢琴、小布丁去香港参加比赛时，他也在场。

这次去香港给我妹妹的打击最大。她以前认为，一年一次的重大比赛，总归要一家人整整齐齐的，孩子爸爸陪着去天经地义，不去才天理难容。

结果，全队的孩子，只有一个爸爸，就是妹夫，其他孩子都只有妈妈陪，也有外婆陪、外公陪的——尽管妹夫一路上一直在玩手机打游戏。

队里的妈妈都很羡慕妹妹：“你哪里找的老公，眼光也太好了，对孩子对你都那么好，真是太少见了。”

原来，妹夫成为高分好奶爸的秘密，是因为社会对爸爸的要求太低了。

游园日：蒙对了两道题

虽然妹妹对妹夫打分不高，但她还是充分认识到妹夫的“特长”，把一个重要的任务交给了妹夫——上网抢小布丁目标学校的“参观券”。

- “参观券”指的是学校“游园日”（又名“开放日”）的进入权限。一般来说，“游园”或“开放”特指幼升小和小升初阶段家长和学校之间互相认识、互相筛选的过程，还可以用来递孩子简历。好学校因为供不应求，会采用各种方式限制参观人数。

在妹妹眼中，妹夫的特长是什么呢？平时热爱上网刷手机，手气还好得要命——每年公司年会都能抽到个一等奖、二等奖啥的。2018年小布丁幼升小，提前两年她就让妹夫去关注几个目标小学。

妹夫发挥了他刷手机的特长，关注了好几个公众号，加入了一堆妈妈群，每天盯着她们的动向。

妹妹看中的学校也组织了个游园日活动，一天早上 9 点，学校公众号放出 200 个名额，半分钟就全抢完了。妹夫凭着他眼疾手快手气好的优势，居然秒杀到一个名额，一整天妹妹都乐得合不拢嘴。

也是，如果把幼升小比成 IPO（上市），抢到参观券那可就是进入 Pre-IPO（上市前）了。妹妹在小布丁身上每年 6 位数的 VC（风险投资）眼看就有阶段性收益了，能不高兴吗？

游园会 7 点半就开始了，妹妹早上 6 点起床，6 点 45 分带着小布丁出了门，让妹夫做司机。只能一位家长陪孩子进去，妹妹让妹夫陪小布丁进去，因为她听说学校更喜欢爸爸陪着孩子的家庭。

小布丁 9 点就从学校出来了，其实这是一场面试，面试时家长不能陪在边上。妹妹盘问小布丁在里面都做了些什么，布丁是这么说的：

"一人发了一个 iPad，上面有 80 道题，时间有点儿来不及，我错了 3 道，后面有两道来不及做了。"

"你怎么知道自己错了呢？"妹妹打断。

"我刚做好题，就会给我打钩打叉，答案也会跳出来，我看到我错了 3 道。"

"那哪里错了你还记得吗？"

"有一道题是猜谜语：什么东西是白色的，在高处，有点像望远镜。我回答是望远镜。"

"都说像望远镜了，怎么可能答案是望远镜呢？"妹妹啼笑皆非。

"应该是监控吧。"妹夫补充道。

"对了，好像是监控。"小布丁说。

"另外两道题目呢？"

"一道是根据形状颜色变化找规律的，还有一道是两幅图画找不同，我看看两幅图一模一样嘛，没什么不一样的。还有两道题我不会做，都是猜的，但是妈妈，你猜怎么样？我都猜对了！"

一个月前，小布丁参加另一个学校的面试，不会做的题空着没做。妹妹告诉小布丁不会做也要选的，没想到这次小布丁都蒙对了。

妹妹说："不错不错，看来你考得不错！"

"别急，后面还有呢！"妹夫说，"小朋友从教室出来后，我听到几个家长讨论说，后面就比较难了，都是逻辑思维题。要听故事选图片，还要给图片排顺序，还要听音乐选图片。"

"爸爸，国歌我听出来了！"小布丁得意地说。

"那其他题呢？"

"其他题我乱选的。爸爸，还有道飞机题呢！"

"对，听一个妈妈说飞机题很难，一个是敌军飞机，一个是我军飞机，敌军朝左，我们就得按右面，我军的朝左，我们就能按左面。这个考查反应速度，得很快才行。小布丁，你做得怎么样？"

"就是打游戏嘛，我觉得还可以吧。"小布丁也不清楚自己到底做得如何，"老师还叫我们跳绳、打高尔夫球，我都打进去啦！后来老师又让我们听一些听不懂的外语，让我跟着读。"

"我听家长说，是跟读小语种。跳绳好像半分钟 30 个以上就行。"妹夫补充道。

"还不如一开始就佛系！"

听起来似乎小布丁考得还行。但是过了两天，这个家长群里有妈妈说，自己接到第二次面试通知了，妹妹却没收到。

她心急如焚，拼命给我发微信，却不敢给我打电话，生怕电话占线万一学校通知进来怎么办。

我对妹妹说："再耐心等等，没准学校通知还没发完呢！"

过了一个星期，收到通知的妈妈都带着孩子去参加复试了，妹妹彻底死心了。

妹妹现在的状况，和我前两个月很像，也就是花生参加了考试递了简历，却一直没收到任何学校密电那会儿。一种强烈的挫败感淹没了她，她和我那时一样，觉得自己的陪读生涯失败了。

妹妹说她忙忙碌碌甚至呕心沥血，却没得到任何结果，那和我妹夫的佛系又有什么区别？还不如像妹夫这样，一开始就轻松一点儿多好。

"这么说不对，还是有区别的。"我一开始虽然也很沮丧，但经过这几个月的自我疏导和各种反思，我慢慢走出这种低落的情绪，对牛校的痴迷和执着也淡了不少，现在轮到我来开导妹妹了："在这个过程中，小布丁还是学了很多东西的。而且，进不了牛校也代表不了什么，在小朋友当中，小布丁还是很优秀的，即使进了一个一般的学校，只要自己努力还是能脱颖而出的。"

妹妹苦笑："本来我也是这么想的，但是一场幼升小下来，我发现优秀的小朋友太多了，小布丁远远算不上牛娃。他说得过去的，好像只有钢琴，也就是在业余级别还可以，另外就是英语，也还马马虎虎。如果说数学和语文，看看各个妈妈群，小布丁的数学只能算中下，语文算中等，还是需要踮踮脚才能算上的。而且，小布丁逻辑思维不行，我后来打听了下，发现面试里那些逻辑思维题，他完成得不好，而那些进入第二轮面试的，基本满分。"

我觉得在失败面前，妹妹可能欠缺客观，她的比较，也仅限于和那些冲刺牛校的牛娃相比，这些孩子基本已经进入了杭州市的前10%。

只是，在我们的社会中，向来习惯以成败论英雄，而成败又是以结果来衡量的。在孩子的升学道路上，我们作为陪读妈妈，已然付出得太多，却没取得预期的结果，这中间的落差，是需要自己去慢慢吞咽和消化的。

被牛校拒之门外，不管这种尝试算不算失败，发生的已经发生。在无法改变现状的时候，我们能做到的，也只有去改变自己的心情，正视并接受现实，做好规划将来再战。

做妈妈的，也要学着暂时放下肩上的重担和心中的大石，像孩子的爸爸那样，把孩子的升学看得轻一点儿，活得也云淡风轻一点儿。

◇ 一点思考

成为高分好奶爸的秘密，是因为社会上爸爸的平均分太低了。

在我们的社会中，向来习惯以成败论英雄，而成败又是以结果来衡量的。在孩子的升学道路上，我们作为陪读妈妈，已然付出得太多，却没取得预期的结果，这中间的落差，是需要自己去慢慢吞咽和消化的。

做妈妈的，也要学着暂时放下肩上的重担和心中的大石，像孩子的爸爸那样，把孩子的升学看得轻一点儿，活得也云淡风轻一点儿。

一生这么长，谁还没个厌学期

花生和玉米的“厌学时光”

我和妹妹一直没接到牛校的电话，不知道算不算阿Q精神，至少我们还可以安慰自己：在小升初和幼升小的牛校冲刺阶段，花生和布丁没像有些孩子那样，因为学得太多太苦，变得讨厌学习和上学。

大体来看，花生和玉米挺爱上学的。

他们的小学，作业都不算特别多，上学时也不总坐在教室里，运动时间和课外活动都很多。

即便如此，他们还是分别拥有了一段“厌学时光”。

那是五年级的深秋，也不知从哪天起，花生变得拖拖拉拉不愿起床，还隔三岔五说肚子疼，要我们给他请假。

我们要带他去看病，他又说不是很严重，不用去看了，在家里歇歇就好。

过了一星期，我在家长群里听一个妈妈说，原来是花生的年级取消了孩子的课间自由活动，不让他们踢球、打篮球、做游戏。

起因是，前不久，花生班上的五六个男孩，在操场玩着玩着发生冲突，打起架来。一个男孩的脸被抓了一道，出了一点儿血，还留了道疤，虽然医生说以后慢慢会褪的，但孩子妈妈还是很生气，跑到学校向校长告状，要求对方家长赔偿，同时要求学校严格管理。

雪上加霜的是，几天后，另一个班上的一群男生，放学后在操场上踢足球，一个男生在防守时，飞身铲到一个同学的小腿胫骨，造成那个同学骨折。

出了这两件事，学校让五年级暂停课外活动，课间只能坐在教室里自习，一放学就轰他们回家，不让在学校操场上逗留。

这一个月，因为缺少运动，花生长胖了 5 斤……

幸好，过了一个半月，学校便取消了禁令，只是加强了监督和管理。

这时，神奇的事情发生了，花生的肚子再没疼过，每天一叫他，他腾地就起床了。

花生的妹妹玉米发生厌学情况是在六年级上学期，她喜欢的班主任走了，学习任务也重了。

那段时间，玉米每天回家就长吁短叹，不是很愿意做作业。还老说："怎么还没到周末啊，明天我真不想上学。"刚过完国庆，就盼望过元旦，刚过完元旦，就盼望着寒假。

挨过那个学期，到了六年级下学期，妹妹交到了聊得来的新朋友，每天形影不离，她的态度也发生了大转变。每次放假时，她居然说："我不想放假，我想上学，上学就能见到我的好朋友了。"

那些讨厌上学的孩子

花生和玉米并非学霸，但他们能进入适合自己的学校并且喜欢上学，这是非常幸运的。

因为，不是每一个孩子都喜欢上学，甚至还有不少孩子讨厌上学。

我有个好友在上海，女儿桑桑是个学霸，小学总是班上前三名，小升初也就顺理成章进了上海数一数二的民办初中。

但是，才上了半年学，桑桑妈妈就张罗着给桑桑转学。

问起原因，桑桑妈妈就很愁，说这个民办学校学习抓得很紧，每天从早到晚都让孩子坐在教室里学习，体育课很少，也没有俱乐部。放学还有一大堆作业和卷子要做，加上时间也不早了，同学们也就各回各家，很少有一起交流和玩的机会。而桑桑在小学里一直都很爱运动，特别喜欢和同学打排球和羽毛球。

桑桑没法打球，也没交到新朋友，很孤独，每天放学回家，就和她以前的好朋友、几个小学同学在微信里聊天倾诉苦恼。后来渐渐沉迷于刷手机，拖着作业不做，也不按时睡觉，家长一管就吵架，吵完架就把自己锁在房间里。每天早上也不起来，还不想去上学。

桑桑妈妈看着不对，带着桑桑去做了心理咨询，又去办了转学，转到了一家国际学校。

这家国际学校课外活动比较多，桑桑能够经常打球，状态看上去好了一些。

但是仅仅过了三个月，桑桑自己提出，不想继续在这所学校上学了。

原来，和民办校比起来，国际学校对学业水平要求偏低，管理也较松。学校里教的东西对桑桑来说太简单了，下课也没什么作业，经常闲着没事干。桑桑本质上还是个要求上进的好孩子，觉得这么下去，自己就废掉了，加上也心疼高昂的学费，所以就想退学，再换一所对学习要求严一点儿的学校。

桑桑对妈妈说：“我不是不喜欢学习，我只是不适应也不喜欢原先那所初中，让我从早到晚坐在教室里，没有运动，也没有朋友。”

被误诊的多动症

《培养高情商男孩》一书的两位作者金德伦和汤普森，是美国杰出的儿童心理学家，为男孩及其家庭进行咨询超过 35 年。

在接触到大量“问题男孩”后，作者提到，“学校可能是一个女性场所”，而男孩天生好动，难以控制自己的冲动，现在的教育和学校并不太适合男孩的发展。

书里写道：一个男孩，在一年级的第一天上完学回到家，失望地说老师不让我做任何事！他所苦恼的当然不是做“任何事”，而是不能做他喜欢的事，比如说跑步、投掷、摔跤、攀爬，这些在教室里都是明令禁止的。

“男孩之于学校，就像刺之于玫瑰花。”

学校需要保持秩序，男孩们难以遵守秩序，其实不只男孩，很多活泼好动的女孩也是如此，这确实是个问题。但是老师和家长要从生物学和心理学的角度，来理解由于孩子精力旺盛而引起的混乱无序，而不应该简单将其归为故意破坏纪律的野蛮行为。

一些孩子在上学后，上课或做作业注意力很难集中，总是动个不停或者开小差，不少家长就会怀疑自己的孩子是不是得了多动症。其实除了极个别现象，大多数孩子并不是“多动症”，他们只是缺少和年龄相称的活动和玩耍时间。如果给他们充分的活动自由，他们也可以做到高水平的自我控制和遵守纪律。

所以，在分析和评判孩子的问题时，老师和家长都要结合周围的环境来考虑。比如，学校若能为好动的孩子提供充分的活动空间，那么孩子就能喜欢学校生活，反之则不能。

就像花生，学校最吸引他的地方，是可以和同学一起踢球和打球。而玉米，她喜欢学校，是因为那里有她喜欢的老师和同学。与人打交道，其实这也是一种广义的学习，等孩子以后到了社会上，人际交往和沟通能力的重要性绝不逊于考试成绩和学业水平。

学校到底是个什么地方？

我们家长的一些教育焦虑，其实是没想清楚，学校到底是个什么地方，学习到底应该包括什么。

我们一直以为学校就是一个学习场所，帮助孩子提高成绩，通过考试考上好大学，将来找到好工作。

但是，对孩子来说，他们之所以愿意每天早上6点半起床，背着沉重的书包去上学，是因为学校不仅仅是坐在那里上课、做题和考试的地方，还是：

> 让人交友的地方；
>
> 让人运动的地方；
>
> 让人游戏的地方。

而学习，也不仅仅是狭义的学习语数英，学习体育和运动，学习音乐和美术，同时包括学习和人交往，进行冲突管理和团队合作，学习组织活动，培养品格，锻炼情商，其实这些也都是学习，更是教育。

很多孩子并不讨厌学习，只是不喜欢大人定义的狭义的学习；也不讨厌学校，只是不喜欢从早到晚都呆坐在教室里被动地接受知识。

如果我们重新定义学校、重新定义学习，那么我们评价好学校和好孩子的标准会大有不同。

桑桑妈妈帮桑桑转到了学区里的一所区重点公立学校，虽然排名比原先的民办学校差了不少，但是比民办校更重视体育，放学也早，可以进行课外活动。桑桑很快适应了，一边学习一边运动，也交上了朋友，看手机的时间也少了。

在人的一生中，学习不等同于上课，优秀不等同于成绩好，人生考验更不等同于考试考级。

教育是让孩子为未来做准备，学校则是让孩子成长的地方。为未来做好准备，不是说取得一张名校文凭所有问题就全解决了，也不仅仅是学习知识和通过考试，而是获得能力、责任感、自信和智慧。

◇ 一点思考

不是每一个孩子都喜欢上学，甚至还有不少讨厌上学。

我们家长的一些教育焦虑，其实是没想清楚，学校到底是个什么地方，学习到底应该包括什么。

我们一直以为学校就是一个学习场所，帮助孩子提高成绩、通过考试考上好大学、将来找到好工作。

但对孩子来说，他们之所以还愿意每天早上6点半起床，背着沉重的书包去上学，是因为学校还是交友、运动、游戏的地方。

而学习是广义的，也不仅仅是狭义的学习语数英。

很多孩子并不讨厌学习，只是不喜欢大人定义的狭义的学习，也不讨厌学校，只是不喜欢从早到晚都呆坐在教室里被动地接受知识。

如果我们重新定义学校、重新定义学习，那么我们评价好学校和好孩子的标准会大有不同。

当你放手，孩子才能飞得更高

教育是为未来做准备，育儿和教育的度却需要家长把握，现在不少家长采用的“过度养育”反而会削弱孩子应对未来的能力。

无论是从身边，还是从国内外社会案例中，我听到和看到很多过度养育的故事，让我感慨万千，也给自己敲响了警钟：做家长的，不仅要认真教育孩子，在适当的时候，也要学会放手。

8 个育儿时刻，美国 vs 中国

美国康涅狄格州一个小城，一位主妇要求市长派人砍掉她所在街区的三棵山胡桃树，理由是，她新建了一个游泳池，要游泳的孩子对坚果过敏。

得克萨斯州一所学校举行了一场拍卖，拍卖的是使用残疾人车道的权利——这样一来，接送孩子上下学的家长可以直接开到教学楼前——这个地方原先只有残疾人才能停车。

一个女经理，刚到儿子 4 岁生日，第一反应是：孩子终于有资格上铃木（Suzuki）的音乐课了！她真的拿起电话，连续打给了 12 位铃木老师。

一个幼儿园小朋友的家长，艺术老师对他夸了一句孩子有创意，是

"天才艺术家"，画作可以作为小伙伴的榜样。于是，这位家长立马在谷歌上搜索艺术教师的名字，并告诉儿子要请一个专业老师，指导他画得更好。

这些，是10多年前发生在美国的真实案例，收录于2009年11月30日《时代周刊》的封面文章——南希·吉布斯（Nancy Gibbs）的《强烈抵制X世代父母的新潮流：直升机父母和过度养育》（*Growing Backlash Against Gen X Parents：Helicopter Parents and Overparenting*）中。

有意思的是，美国人10年前大力反对的教育理念，在今天却被北上广深等城市的中产父母所接受，他们大多转型成了职业经理人——把育儿变成保护濒危动物，把教育当作开发产品。

我朋友的孩子在上海的一家国际小学就读，有个孩子比较调皮，不遵守纪律，课上经常捣乱，课下游戏时和同学发生冲突，于是，同学家长联名要求校长把他开除，保护自己孩子的利益。

妹妹看中的那家杭州私立小学，从教室到食堂走路只要5分钟，却贴心地配备了带雨篷的高尔夫车接送孩子吃饭，这样那些小"贵族"就不会淋到雨晒到太阳。

我的一个老同事的孩子在北京西城区的一个小学上学，孩子刚刚能背出"见贤思齐焉，见不贤而内省也"，家长群里马上有人相约去报一个国学大师课，一节课2000元，每周从西城赶到东城上课。有几个嫌贵嫌麻烦而犹豫的家长，等他们再想报名时却发现名额都满了。

深圳一个著名机构举办的国外大学留学讲座，坐满了表情凝重的父母，其中一半的家长，孩子还在上幼儿园……

从"直升机父母"到"铲雪机父母"

"直升机父母"，是那些有着过度养育倾向的美国家长的别名——成天在孩子上空盘旋，一方面保护，一方面监督，执着于孩子的成功，把育儿变成了产品开发。

从 1981 年到 1997 年，美国 6 岁到 8 岁的孩子自由玩耍的时间下降了 25%，家庭作业却增加了一倍多。《儿童健脑食物：益智食谱 100 则》在书籍销售排行榜上位居前列。一听到有研究表明莫扎特的音乐可以帮助提高智商，不管是新生儿家庭，还是怀孕待产的妈咪，纷纷把家里的 CD 换成了《通过音乐的力量让你的孩子变得更聪明》。

反对“过度养育”的浪潮让一部分父母进行反思和纠偏，但是拦不住更多的父母加入“产品开发竞赛”。

直升机式的环绕监管还不够，更粗暴有力的“铲雪机”父母出现了。

> “焦虑地守在孩子身边、监视孩子一举一动的直升机父母已经是 20 世纪的产物了。如今一些富有的家长更像是铲雪机，为孩子提前扫除前往成功路上的所有障碍，让孩子不必遭遇失败、挫折或丧失机会。”
>
> ——克莱尔·凯思·米勒和乔纳·思格尔·布罗姆维奇，《纽约时报》

根据社会学家萨比诺·康里奇和弗兰克·弗斯滕伯格分析的消费者支出调查数据，如今，父母在养育子女上的支出超过以往任何一代人。

过度养育，不仅教养方式变得更激烈，连时间也拖长了，从原来的幼儿园、小学到初中，延长到高中、大学，甚至到孩子就业后……

高中老师正在上课，会收到愤怒的短信，是家长抗议孩子的考试分数给得不合理。

大学在公共场所安装了“嗨，妈妈！”网络实时监控摄像头，以便家长看到学生的现状。

安永会计师事务所等大公司为新入职员工准备了类似“育儿大礼包”的东西，由他们转交父母，因为父母要参与孩子薪金和待遇的谈判……

2019 年美国爆出的高校招生舞弊案，就是过度养育的极端展示：家长买通考官作弊或者通过代考提高孩子的美国高考成绩，行贿大学工作人员伪造体育特长生身份让孩子进入名校——哪怕他们从来没玩过这些运动项目。

我身边的亲友中：一个孩子在上海上着一年学费 25 万元的幼儿园，还在外面花 10 万元补钢琴和体育；另一个孩子在上北京顺义的国际小学，学费看起来一年只有 30 多万元，但是班车费，马术、高尔夫等俱乐部费用，游学和夏校费用，算下来每年将近 100 万元。

在育儿方面，中国家长正陷入疯狂，一边想给孩子最好的东西，一边苦笑着称自己的孩子为“碎钞机”和“吞金兽”。

中国的家长也已不再满足于仅仅做一个产品开发经理，而是要成为孩子的 CEO 兼投资人。

我妹妹说过：“养孩子就像开公司，前期就是要不断投入。”

而另一个妈妈又加了一句：“比起创业，投资孩子的成功率更低，肯定收不回本。”隔了一分钟，她又加了一句，“但我也认了。”

那些被过度开发的“产品”，上线后怎么样了？

家长关注孩子的每件小事，掌控他们的每个细节，目的就是让他们将来能实现父母为他们精心打造的计划：进入名牌大学，找到好工作。

那么进了大学，找到工作，“产品”推向市场了，家长是不是就可以轻松了，就可以放手或享受回报了？

那你就太天真了。

那些被过度开发的“产品”，看起来有着光鲜的外表和强大的功能，但在眼花缭乱的产品说明书里，却缺少一个关键性能“独立运作”。

《纽约时报》和早晨咨询公司开展的一项调查发现：

子女年龄在 18 岁到 28 岁之间的父母，有四分之三会为孩子预约看病；11% 的父母表示，如果孩子工作出了状况，他们会给孩子的老板打电话商讨解决。

下面这些真实的故事，发生在一个大学里。你猜猜是哪个大学？

> 开学前，父母先跑到宿舍帮孩子铺床叠被，再跑到食堂查看饭菜是否合适；
>
> 每次考试时，父母是远程人肉闹钟，以免闹铃闹不起孩子，耽误考试；
>
> 老师给孩子打了 B 或 C，父母要去和老师讨价还价，争取改到更高的分数；
>
> 毕业时如果孩子考研，家长会聘请昂贵的辅导老师，帮助孩子写论文或改论文；
>
> 孩子找工作时，家长瞒着孩子，偷偷帮着投简历……

答案如下：

斯坦福大学。

这些案例，出自《如何养大一个成人》，是曾任斯坦福大学新生院院长的海因斯（Julie Lythcott-Haims）2015 年出版的畅销书。看到孩子考上名校家长还不放手的种种怪现状，她才写下这本书来讨论美国中产阶级过度养育的问题。

她把新生称为“易碎品”，刚上大学他们就似乎已经筋疲力尽，一杯水的压力就足以让他们崩溃。

父母给了孩子最好的安排，却没有给他们自我生存的能力。

十几年前，美国华尔街，一个常春藤学校的毕业生，顺利地被一家投资银行聘用，起薪25万美元。但是投行加班是常态，他常常工作到深夜或凌晨，他的妈妈看到很心疼，于是设法找到他老板的电话号码，打电话抱怨。第二天，这个年轻人上班时，发现自己的门禁卡失效了，他的东西被装在一个纸盒子里放在门口，保安让他拿着东西走人，纸盒子上写着一句话：“问你妈妈去。”

当你放手，孩子才能飞得更高

临床心理学博士玛德琳·莱文，结合自己30多年的研究和实践调查发现：高分、奖杯，甚至是优渥的家境，并不能给孩子带来真正的成功。

她在《给孩子软实力》一书里写道：孩子生活中潜伏的最大危害，并不是街上有陌生人从天而降之类的偶然事件，而是父母为孩子做得太多，结果导致他们心理健康水平下降。

一般来说，在生物学上，家长都会对自己的孩子特别关心，保护他们，担心他们出事、犯错，担心他们不能成功快乐。

但是，教育不能只讲本能，不讲科学。比起适当放手，过度养育对孩子弊大于利。

2012年，通过跟踪调查181个不到5岁孩子的家庭，《儿童与家庭研究》杂志公布结果，采取“强化型养育态度”的母亲更容易导致孩子产生消极的心理状态。

在2014年的一项研究中，美国玛丽·华盛顿大学发现，那些被过度养育出来的大学生，对家庭生活更加不满意，生活不幸福，抑郁水平也比其他人高，因为他们感到自己没有自主性，同时也缺乏能力。

过度养育的父母，其实心中有个假设：孩子自己不可能成功，除非我们可以随时保护和纠正。

在现实中，这个假设并不正确——父母对孩子所有的养育，都是为分离做准备的。而孩子独立所需要的所有心理素质和品格技能，都不可能随着孩子长大突然降临，而是从小到大通过一件件小事培养和锻炼出来的。

《时代周刊》的那篇封面文章里写道：你真的希望孩子成功吗？那就要学会放手。当你松手了，他们才能飞得更高。拖他们后腿的不是别人，正是我们做父母的。

在美国，那个被老师夸奖为“天才艺术家”的幼儿园小男孩，听到爸爸要给自己请指导，他像看着外太空生物一样看着爸爸，并告诉他：“我只是想不受干扰地画个画，为什么大人总喜欢接管一切？”

在中国，我朋友孩子所在的那家上海国际学校，校长拒绝了开除那个“问题儿童”的家长联名请求，而是让班主任和班上同学自己协调解决。同学们和班主任一起探讨出一个办法，请那个小孩当维持班级纪律的班委。后来，孩子的表现好多了，同学们和他的相处也愉快多了。

◇ 一点思考

“过度养育”和“直升机父母”起源并流行于

21世纪初的美国，如今已经蔓延到中国大地。在育儿方面中国家长正陷入疯狂，一边只想给孩子最好的东西，一边苦笑着称自己的孩子为“碎钞机”和“吞金兽”。

中国的家长也已不再满足于仅仅做一个产品开发经理，而是要成为孩子的CEO兼投资人。

家长关注孩子的每件小事，掌控他们的每个细节，目的就是让他们将来能实现父母为他们精心打造的计划：进入名牌大学，找到好工作。

那些过度开发的“产品”，看起来有着光鲜的外表和强大的功能，但在眼花缭乱的产品说明书里，却缺少一个关键性能“独立运作”。

父母给了孩子最好的安排，却没有给他们自我生存的能力。

家长是清北，孩子就该上清北吗？

我有一个中学同学，她和她老公当年都没上过大学，儿子却考上了浙大。

即便如此，她还是很担心，觉得儿子读书不够上进，总是要管这管那。

花生一直没有上岸，我现在已经基本想通，小升初又不能决定人的一生。但是，对花生将来能考上怎样的大学，我也不能做到完全超然，偶尔想到还是有点儿茫然。

我劝解我的同学："你儿子比你们强太多了，你还这么操心；我儿子学习上只要能和我差不多，我就阿弥陀佛了。"

我同学对我说："那太难了。谁叫你这么优秀，你儿子能达到你的水平很不容易，我儿子要超过我们，就容易多了。"

其实我同学嘴里的"优秀"，只是特指我当年成绩比较好，虽然高考发挥一般，高考成绩过清华、北大录取分数线。

同学这句话，就如迷雾中的一阵清风，让我突然看清了一样东西，那就是，学霸妈妈这个存在的本身就给孩子太大压力了……

有时给花生数学题纠错，看他要么漏乘系数，要么忘记变号，还屡教不改，我就有点儿抓狂。

现在我明白了，像他这样的小孩，爷爷奶奶外公外婆爸爸妈妈一水儿都是985、211大学生的并不太多，我们就像6座大山，既把门槛提得太高，又把他压麻木了。

为什么马拉多纳的儿子踢球不如他？

马拉多纳的儿子只踢到意大利丁级联赛，爱因斯坦的孩子不是精神有疾患就是资质平平……

不管是外表、身高、运动能力还是学业水平，父辈的水平高，他们孩子的成就即使比常人高一些，和他们的父辈相比还是相去甚远。

这在统计学里叫“均值回归”。

举个简单的例子：

除掉运动、营养等后天因素，单纯从遗传学上来讲，孩子的身高水平不会简单地是父母身高的平均值。如果父母身高比较高，远大于均值，那么孩子的身高将会往均值回归，也就是说要打个折扣，这个折扣系数是2/3。

类推到考试水平上：

1. 如果父母都是清北毕业的，比平均值高出3个标准差（偏离平均值的单位），那平均来说，孩子只能考上比均值高出2个标准差的985大学（3个标准差乘以2/3=2个标准差）。

2. 如果父母都是985大学毕业的，比平均值高出2个标准差，那么孩子平均来说会上较好的一本，大概率是211大学。

3. 如果父母上的都是一本，比平均值高出一个标准差，那么孩子只会比平均值高出0.67（2/3）个标准差，平均来说，一本毕业的夫妻的孩子会上比较好的二本和稍微差一些的一本。

人群中的身高、智商、考试能力分布都基本符合统计学里的正态分布，按照考上清北的人数比例，他们分布在离均值3个标准差的位置，也就是不到0.1%。

均值回归，意味着比起父母，孩子的表现会往中间的均值靠拢，折扣系数为2/3。

那清北、985、211空出来的那么多位置给谁？——给普通人的子女啊。

从统计学来说，逆袭是完全可以实现的。

关于考试水平的“均值回归”，看来是清北毕业的家长不得不接受的一个现实。

家长是否很难接受自家小孩的平凡？

在知乎上看到一个话题：“部分家长是否很难接受自家小孩的平庸？”

有一个网名“果子米”，自称是“一枚人民群众”的妈妈，分享了她的家庭情况：

孩子11岁了，女孩，从她出生起我就知道她会很平庸。我和她爹都不是出挑的人，智商普通，情商匮乏，社交更白痴，过着最最平凡不过的生活。

孩子上幼儿园时，任何方面都非常一般，吃饭不行，身体孱弱，讲话有时都结巴。孩子爸爸说我们使劲攒钱，学习不好就去学技术，咱陪嫁个门面，开个小店。我说好。

小学后，成绩尚可，但也不是最好。爸爸说看这样兴许能考上咱市的大学，咱们在大学对面买房子，中午可以回家吃饭。好，三年前，我们买了大学对面的房子。

眼瞅着她上六年级了，成绩稳步上升，我们不用盯着，她自己知道学习。我和老公怕给她压力，每每考试，从来不问成绩，但次次签字时看着都还挺好。孩子爸爸说只要她愿意，考到哪儿咱都供。我说好。

我们就这一个孩子，也没有生二胎的打算，从她出生，我们的愿望只有两个：身体健康，天天开心。这个初心，从未变过。

我觉得这位妈妈很有科学精神，能认识到自己的平凡和孩子的平凡。

如果用数据说话，2016 年中国全国考生 940 万人，985 高校共招 187 346 人，如果孩子能考上 985，那他就是考生中的前 2%。

再看清华、北大，那一年清华、北大共招 7300 人，如果考上清北，那么孩子就是考生里的前 0.075%，也就是 10 000 人里面不到 8 人。

这只是参加高考的考生，考虑到农村和边远山区的孩子也不是人人都完成九年义务教育；再加上在大城市里结束九年义务教育后，还有 40% 左右的孩子不能考上高中（深圳这个比例是 54%），那么在中国所有的孩子里，能考上清北的人估计也就在万分之二左右。

说实话，推导出这个数据我很绝望，凭什么我就认为自己的孩子会是这万分之二呢？是比别的孩子都特别聪明一些，比别的孩子都特别努力一点儿，还是比别的孩子都幸运一点儿？

学霸家长的因材施教，是站在孩子立场找到适合的道路

每个家长在拼命“鸡娃”的时候，需要有点儿数据概念，更要有点儿平常心。

对学习兴趣不大、成绩也一直很一般的“普娃”，最好的策略，并非鞭策他和那些“牛娃”在一条跑道上竞争，而是“差异化生存”。

一开始就“不瞎折腾”，因材施教，培养一技之长，甚至做一个有技术的蓝领，可能比一个没有什么一技之长的大学生白领在社会上更有竞争力。

在知乎平台上，还有另一个孩子妈妈分享的真实故事，获得了很高的点赞数。

孩子妈妈自己在高考大省理科排名前10，孩子爸爸是数学竞赛集训队核心成员，高二就确定了保送。女儿却是一个中等生，一直在班里十几名到二十几名之间晃荡。

孩子妈妈本来拿“健康就好，快乐就好”开导自己，不过毕竟说说容易，现实中女儿四年级要准备小升初，多少要学点儿奥数，妈妈自己教，结果就是天天吼。

为什么吼呢？孩子妈妈解释说：“我觉得太简单、太理所当然的知识点，她就是不会，或者她错一次，再错一次，再错一次，还是会错……错四五次，所以我觉得这是态度问题！”

后来孩子的外婆看不下去了，站出来说：“你们是生得好！不是每个人都有你们的运气！”

孩子妈妈吼了一个多月，看看没什么效果，也就放弃了，自己也

不教了，送孩子去了学而思，自己老老实实坐在教室后面听课，听老师怎么讲课。

回到家，孩子妈妈和孩子爸爸一起开会讨论：

> 第一步：各自做题，对比两人思路，看谁的更优，不然直接讨论容易掐架；
>
> 第二步：讨论怎么拆分这个思路让女儿理解；
>
> 第三步：还得讨论怎么让女儿以后都能自然而然想到这个思路，经常还得准备一套备份思路，让女儿自己选择哪个对她来说更容易。

孩子爸爸为此开玩笑，说给女儿做道题死的脑细胞比发篇顶级论文还多。

难的其实不是接受孩子不如自己聪明，不如自己聪明也无所谓，因为孩子妈妈觉得康庄大道在那里，走慢点儿不要紧，只要认真努力，还是能走上去的。

难的是真正要接受的事实：自己眼里的康庄大道，孩子连入口都找不到，拖着她到入口，她还是看不到。即使家长把思路告诉孩子，孩子还是不能像家长一样思考。

孩子妈妈这才终于明白："我不能拖着她走我的路，我得站在她的立场、她的角度，为她找一条适合她的路出来，那样才行。"

这个过程大概花了半年，之后就很顺利了。女儿有了自己的一套思路，成绩也稳定了，最让人欣喜的是，她找到了学习的乐趣。

孩子妈妈最后总结道："因材施教四个字，我从小学就认识，但真正的含义，还得女儿教会我。"

当我妈接受我是普娃，我成绩就变好了

我的经历和刚才说的故事很相似，我也并非从小就是学霸：在初二前，我数学不好，计算能力很差，也和花生一样，漏乘系数，忘记变号，甚至还不如他。

那我是什么时候变成一个学霸的呢？是从我妈妈认为我是个平凡的孩子开始的。

妈妈是北京理工大学的高才生，数学考卷经常被老师贴到墙上当标准答案，所以她很自然地期待我也会是个理工奇才。但是现实一次次粉碎了她的期望，直到她认为我就是个“普娃”，也就顺其自然了。

自从没有了家长的期待和压力，我的成绩反而慢慢变好了，虽然也没能成为一个天才，但终究没变成一个蠢材。

英国心理学家耶克斯和多德森提出过一个“倒U形假说”，也叫“贝克尔境界”，他们最早研究的对象是工作压力和业绩之间的关系，他们发现，无论是压力过大或是压力过小，都会影响工人的工作效率，只有在压力适中的时候，工人的工作效率才是最高的。

经过收集数据证实，父母的期望值和孩子的学术表现也是倒U形的，也就是说，父母对孩子期望值过低或过高，孩子的表现都不太理想，而父母期望值比较适中或合理的时候，孩子才能表现得最好。

认清孩子不是牛娃并不容易，毕竟每个当父母的，都担心不能发挥出孩子的潜能——

万一孩子明明是块清北的料，却被我的“佛系”耽误了怎么办？如果我和孩子拼命努力，即使考不到清北考上浙大也行啊。

能认识到孩子平凡，不仅需要科学精神，还需要理性。而理性这种东西，可能是做父母后我们最缺失的吧？

◇ 一点思考

学霸妈妈这个存在本身就给了孩子太大压力……

不管从外表、身高、运动能力还是学业水平，父辈的水平越高，他们孩子的成就即使比常人高一些，离他们的父辈还是会相去甚远……

这在统计学里叫作“均值回归”。

那清北、985、211空出来的那么多位置给谁？——给普通人的子女啊。

从统计学来说，逆袭是完全可以实现的。

每个家长在拼命“鸡娃”的时候，需要有点儿数据概念，更要有点儿平常心。

对学习兴趣不大、成绩也一直很一般的“普娃”，最好的策略，并非鞭策他和那些“牛娃”在一条跑道上竞争，而是“差异化生存”。

你不能佛系很久，
也不能鸡血很久

你不能佛系很久

我是一个经历过七沟八坎各种糟心事的中年妇女，小升初当然也是件大事，但我默默地吞咽了各种情绪，同时也做好了对策，毕竟还可以在中考甚至高考时一举逆袭。何况放在更长的时间线上，就是中考和高考失败也不能影响人的一生。

我也用这种理念给花生做心理建设，给他不断鼓劲。

在最后关头，出现了转机，我接到一个电话，得到一个六小强集团校的考试机会，从集团校近 200 人中选出 3 人。

虽然希望不大，时间也很紧——只有半个月给我们准备，但是我和花生都抱着这样的信念：只要存在一线生机，还是要全力以赴，这样以后才不会后悔。

我开启了一系列强化训练，还精心设计了 50 道可能出现的面试题，和花生进行模拟训练。

等考完语数英，我问花生难不难，他说："奥数比坑班简单太多了。语文一篇小作文，和你让我看的节目《朗读者》有关，我觉得自己写得还可以。"

我松了口气："看来坑班还是没坑我们啊，过去的努力没白费。"

我们收到了面试通知，因为准备充分，不管英语还是语文，花生应对得都不错，当场就感觉到了老师流露出来的欣赏。

即使如此，我们还是不敢抱太大希望，毕竟只有 3/200 的机会啊。

经过几天的忐忑等待，我们终于收到了六小强的录取通知！

出现这样的神奇转折，我欣喜若狂。当天花生也写了一篇日记，回顾这一个月的心情，我读后泪流满面。

> 残酷的现实令我感到无奈，既要与小学同学分别，等待着我的初中又逊色于多数同学的初中。在这种种原因的困扰下，原本在班级里表现不错的我，现在都感觉没脸见那些上重点中学的大部分同学，更别说跟他们谈论升学的话题了，以至于那天同学们在微信群里热热闹闹地讨论着自己的中学时，我一直都没有出声。
>
> 那天晚上入睡前，我坐在床上，就像世界杯八分之一决赛败北后的梅西一样，眼睛凝望着远方，心里的优越感一下子被一种说不出的遗憾、苦闷以及失落所取代……

你不可能佛系很久，佛系看起来似乎轻松快乐，但是结果往往既不轻松，也不快乐，家长如此，关键是孩子也是如此！

每个孩子都有潜力，他自己也希望发挥潜力，而能不能去好学校，走上坡路，常常取决于：关键时是拼一把，还是退一步。

千万不能在该奋斗的时候，却选择了佛系。

我和花生是幸运的，不仅是因为在最后上了岸，更是在不算太顺利的过程中，学到了平时就要努力，做好积累和准备，这样机会来临时才不会留下遗憾。

就像花生日记的结尾：

> 之后，命运似乎可怜我，又给了我一次机会，那就是我无心参加的一次集团校考试。笔试考到前30名的学生，可以获得参加面试的机会，经过面试，有3个人可以被录取。没想到的是，我的笔试和面试综合成绩竟然排到了这200多人的前3名！
>
> 这对我和我的家人来讲无疑是最好的结果，我和家人也因此满血复活。这次成功和成功前的一次次挫折是我发奋学习的动力，也使我身体力行地体会到了把命运掌握在自己手中的重要性。我的命运绝对不能交给摇号机，既然上天给了我一副好牌，那我就一定要努力打好它，不留给青春任何遗憾！

教育是广义的，升学和生活中碰到的困难就是最好的教育。

你也不能鸡血很久

我掉过“佛系”的坑，那么如果时间倒流，再给我一次从头“鸡娃”的机会，我会不会从一开始就非常“鸡血”呢？

回首来时路的经验和教训，我一定会调整一些具体做法，做得更细致、更科学。但是从战略上，我还是会给孩子一个相对快乐的童年，一个相对宽松的成长空间，而不是把他框在密不透风的时间表和满满的课外班中。

也就是说，我还是会偏重培养孩子的素质——有点儿像别人说的“素鸡”（素质鸡娃），而不是过度养育和过度提早学。

过度养育和过度提早学有一定的危害，身边也有很多实际例子，我有一个非常鸡血的朋友，从小就对孩子密集“鸡娃”，可谓我们眼中的“虎妈”。

鸡血的确很有效，孩子初中上了杭州最好的民办校，我们也纷纷向她表示祝贺和羡慕。没想到的是，才上了半年，孩子成绩就一落千丈，还拒绝去学校。朋友看着不对，带孩子去医院检查，被诊断为中度抑郁症，只能在家休学，还得专门有人看着。

朋友现在经常说的话是：“早知如此就不这么鸡血了，我这辈子也不会再要求她优秀了，只要健康就好。”

心理学家说，如今孩子存在最多的心理问题还不是抑郁症，是“空心病”。家长很鸡血，孩子也从小习惯被动“鸡”，等到进了好学校，却失去学习和生活的动力，再也找不到人生的目标。

找到关键拼图，科学养育

我中学时的老校长邱锋老师分享过一个故事。

她原先有一个很优秀的学生，考上了美国杜克大学，却找不到自己的人生目标。问他想做什么，他说想要多点儿钱多点儿空闲。

邱老师说，他正是年轻有为的年龄啊！现在孩子的外在动机很多，也是家长施加给孩子的，为了分数、为了名校、为了收入而读书。而我们家长真正要培养的，是孩子的内在动机，也就是为了对学习本身的兴趣而学习，而不是为了学习带来的好处而学习。

她说的这一点，正是我非常赞同的，也是我在教育中一直强调的内驱力。

这就像我开始健身时，也走过弯路，就是太鸡血，没多久就把自己搞得很累，膝盖还疼起来，只好暂停。在这之后我吸取了教训，学习科学健身，缩短时长，降低强度，反而一直坚持到现在，感觉还很好。

我发现，教育孩子和健身是很像的，你不能太佛系，不然你不可能拥有好成绩 / 身材和好素质 / 体格；你也不能太鸡血，不然就很容易受伤或放弃。

我同学的儿子在云谷上学，最近他参加了学校开放日，给我发了一些资料，有个家长的 PPT 分享里写道：

> 我们身处不确定的世界，教育，是陪孩子在不确定性中成长。教育理念重在探索中坚守，摇摆后坚定。

就和健身一样，我对孩子的教育理念，也有过误区、有过迷茫，也是不断摸索，通过幼升小、小升初等战斗总结出来的，更是在佛系和鸡血之间摇摆后坚定下来的，这就是——科学养育。

佛系是一味做减法，鸡血是一味做加法，科学养育不是只减或只加，而是要有选择和取舍。重点是培养孩子的习惯、品格和内驱力，同时采用科学的学习方法和沟通方式，帮助孩子更好地成长。

我们不想落在后面，但我们也不是要冲得最快，我们需要的是跑得够持久，如何增加耐力和分配体力就变得非常关键。

在我们和孩子努力做到优秀、增加主动选择权的同时，我们也需要反思，家长的焦虑经常来自认知死角和思维误区，探讨教育却需要全局意识和长期主义。

我们要保持这样一个姿态，寻找自己认知里缺失的关键拼图——

更多教育的真相和理念，从而更清醒、更从容地规划孩子的教育之路。

◇ 一点思考

每个孩子都有潜力，他自己也希望发挥潜力，而能不能去好学校、走上坡路，常常取决于：关键时候是拼一把，还是退一步。

千万不能在该奋斗的时候，却选择了佛系。

教育是广义的，升学和生活中碰到的困难就是最好的教育。

我们家长真正要培养的，是孩子的内在动机，也就是为了学习本身的乐趣而学习，而不是为了学习带来的好处而学习。

佛系是一味做减法，鸡血是一味做加法，科学养育不是只减或只加，而是要有选择和取舍。重点是培养孩子的习惯、品格和内驱力，同时采用科学的学习方法和沟通方式，帮助孩子更好地成长。

我们不想落在后面，但我们也不是要冲得最快，我们需要的是——跑得够持久。

>>>

第七章

我是个海淀妈妈，我不需要铂金包

· · ·

分数只是一种结果，父母无法直接管理结果，必须从过程管起，以更长期主义的眼光看待孩子的学习和成绩。

好的教育不是让人越活越窄

今天，是妹妹的目标校放榜日。虽然没接到通知，妹妹还是不死心，一大早跑到学校门口，把 100 多人的名单一个一个看过，生怕漏掉。突然看到小布丁的姓，心跳加速，但是名字不一样，只是姓氏相同。

一遍看完，她又重新看了一遍，才彻底死心。

另外两个备选的民办学校也都静悄悄的没有声息，妹妹急疯了，至少给我打了 10 个电话。

现在，她到底是等着派位去公立学校，还是再去那家国际学校试试？她又回到原先的死循环，只不过选择更少了。

她对我说："这就是比差嘛，只是在两个矮子里，挑一个不那么矮的。"

我觉得没这么夸张，其实在杭州这两家学校都算不错的。小布丁还小，没意识到事情的严重性，趁着妈妈没心情管他学习，在家里无忧无虑地玩飞机、玩小火车。

到了下午，妹妹又给我打了个电话，我还以为她要继续找我商量到底去哪个学校，没想到发生了一个新变化——

她又有了一个新选择。

妹妹说："刚刚一家民办校给我打电话，说小布丁虽然没被录取，但是可以考虑他们今年新成立的公立小学，也在我的划片里。刚成立还没开张，所以很多人还不知道。

这家民办校，妹妹只递了小布丁的简历，并没参加考试和面试。学校排在杭州民办校前几名，非常难进，据说管理也十分严格，作业多进度快应试出色。当时妹妹觉得，这种风格的学校不是很符合她的择校观，加上学校硬件看起来一般，英语教得也相对简单，所以也没特别去准备。

当然，按照小布丁这几次考试和面试来看，即使准备充分了，估计也没戏，因为这所学校比布丁去游园的那家双语民办校还要难进。

我让妹妹带着小布丁去看看，反正离她家不远。

妹妹和老师约了一个时间，提早半小时到达，先带着小布丁在学校里转了一圈。学校是新建的，基本完工了，操场上还有几个工人在铺跑道。她站在学校操场上，拍了几张照片发给我。

我看到操场很大，教学楼很新，就是比她原先的目标校看起来朴素不少。

妹妹说："比 × × 校差远了。奇怪的是，小布丁倒是挺喜欢的，说操场大，跑步方便。"

妹妹还有很多担心："学校刚建完，会不会有污染？这家民办学校质量是不错，都是考试进去的，公立校是划片的，生源会不会不太好？和民办校相比，公立校的课程和师资会不会差别很大、进度很慢、学得很少？"

在妹妹心目中，公立校总是和放养教育联系在一起。

我让她先别着急，先和招生老师聊完再说。

就这样，终于消停了一小时后，妹妹的电话又来了，她的态度发生了明显的变化，声音也振奋了许多："和老师聊了，感觉还不错！"

那个老师人很和善，教学楼里接待流程井然有序，还没等妹妹提出对装修污染的担心，老师就主动对家长说，“装修问题学校会在暑假前就提供检测报告，另外学校还会配备进口的空气净化器，孩子的健康是第一位的，一定不会让家长担心。”

妹妹听了感觉很不错，接着，好像了解家长的心思，这个老师做了详细周到的介绍，一一解除了妹妹的顾虑：“公立学校的管理和民办学校是统一的，正是因为他们民办学校做得好，区教育局才让他们开了示范公立学校，希望他们把民办学校的管理和资源共享到公立学校，也给区里的公立学校树立一块品牌。”

老师还说：“这是我们第一所公立学校，对我们来说也很重要，我们校长原来是从 ×× 小学（杭州一所著名民办学校）退休下来的，很有经验。另外公立学校的课程和资源都是和民办学校共享的，进度也大体是同步的，一定会把民办学校的办学优点也输入公立学校。”

妹妹一高兴，几乎当场就要和老师确认，但还是忍住了，想想还是和我们商量一下，就和老师说：“我要和家人商量下，今天给你回复。”

我听了很高兴，这家民办学校是非常优秀的，一直有好口碑：学校管理先进，重视孩子的品格教育和习惯养成，他们倡导艰苦朴素、努力学习的校园文化，不仅仅表现在口头上，更是落实到每一个细节中。我甚至感觉，这样的学校，才能称为真正的“贵族”学校。

我赶紧说：“哈哈，你终于想通啦，我觉得很好，比原来那所双语学校好啊。小布丁运气不错，歪打正着，没被那所学校录取，却进了更好的学校。你赶紧和老师确定吧，省得夜长梦多。”

小布丁爸爸力主选择这所学校，加上小布丁也喜欢这所学校和老师，妹妹便越来越确定。她一高兴，还说了句：“即使这会儿 ×× 校（原先的目标校）和培新（新的学校）放在一起，我也不选 ×× 而是选培新。”

妹妹也怕情况有变，赶紧和老师确认了，就等通知办理入学手续了。

第二天，我陪花生去学校报到，我要参加初中的家长会，之后花生参加俱乐部的面试。一大早，正在路上，我的手机响了，又是妹妹的电话，她带着点儿慌张对我说："姐，我收到 ×× 学校（原目标校）的短信了，说明天去学校面谈。这可怎么办呢？"

我说："不可能啊，这所学校不是已经放榜了吗？你也看过了啊，没有小布丁的名字呀。"

妹妹回答："我问了一个朋友，她孩子不是被 ×× 录取了吗？昨天她去领录取通知书同时办理入学，她听说有几个孩子，同时也被另外的学校录取了，可能是没选这所学校，现在名额就多出来了，学校就开始补录，小布丁肯定是考得还不错，在候选名单上的。"

"那你昨天不是想好了吗，即使 ×× 和培新放在一起选，你也要抛弃 ×× 选择培新了？"

电话那头没声了，过了十几秒，我听到妹妹的声音，不太有底气："但是 ×× 原来一直是我的第一选择啊。"

我："……那你要想好了。"

我建议妹妹问问小布丁，小布丁在一边，比他妈妈坚定得多，因为我听到他立即大声说："我喜欢昨天那所学校。"

妹妹还在犹豫，我到学校了，就让妹妹想好再决定，晚些时间再联系。

开完家长会，我又给妹妹打电话，问她想得如何了。妹妹叹了一口长气，幽幽地对我说："我还没想好呢，小布丁爸爸直接回绝了 ×× 学校，说抱歉我们已经被其他学校录取了，明天就不过去了。"

虽然妹夫有点儿简单粗暴，妹妹也不太满意，但好在终于不用再纠结了。

这时，我和花生已经离开教室，来到学校的体育馆，花生正参加篮球俱乐部的面试，教练把他和其他几个学生分到一组，测试投篮、往返跑和传球。看着他在抛球，我想起一个说法，在你不知道怎么选择时，你可以抛硬币，但是，并不是硬币的正面或反面帮你选择，而是当你把硬币抛起的一刹那，你就知道了你内心的选择。

也许妹妹内心深处的选择，还是原先那所学校。

只是，这里面有多少理性成分呢？足足两年，她的头脑和心灵都被这所学校占据，不管是她培养小布丁，还是对未来的描绘，都是围绕着这所学校计划的，可以说已经投入了大量情感和心智。而培新这所新学校，才出现一天，妹妹的理智虽然告诉她这所学校也很不错，甚至会更好一点儿，但是她投注的大量情感不会凭空蒸发，还是要有个去处。

这也是心理学中的“承诺与一致”理论，也就是说，一个人当众选择了一种立场，他便会产生维持它的动机，因为这样才能显得前后一致。

在这种时刻，或许让一个旁观者帮她选择，是更好的做法。毕竟我们看这些学校，没带太多情感投入，只是理性地去比较和评价，就像拼拼图要看整体，而不是拿着一块喜欢的拼图板就看不见其他。

好的教育不是让人越活越窄，拼图本来很丰富，生命本来很辽阔，只有看到更广阔的天地，才能拥有更多人生可能性。否则，不是对其他选择视而不见，就是选择越多反而越迷失。

◇ 一点思考

好的教育不是让人越活越窄，拼图本来很丰富，生命本来很辽阔，只有看到更广阔的天地，才能拥有更多人生可能性。否则，不是对其他选择视而不见，就是选择越多反而越迷失。

海淀六小强的纪律还不如美国学校好？

通过两年准备，又经历了这段时间的波折，我和妹妹带着花生和小布丁，就像在大海里航行，辛苦地做着船长，管方向，也要管方法和细节。这海上时不时还会来一阵暴雨，还需要我们进行危机管理，不能找不到方向，更不能让船沉了。

虽然海面起伏颠簸，我们也历经了各种险境，好在花生和小布丁终于上岸了，和很多家长和孩子比起来，我们还是非常幸运的。

小布丁还小，不知道其中的曲折，而花生大了，也因为付出更多，就很珍惜能进入六小强的机会，计划好好学习，把命运掌握在自己手里。

那么，等花生和小布丁真正开始上学，又是什么样的感觉呢？他们的学校，真像我们想的这么好吗？

“开学一个月，毁了价值观”

小布丁上的这所公立学校，是一家以管理严格著称的小学。

原先我妹妹不喜欢这种风格，小布丁上学后她渐渐喜欢上了，还总对我说学校管理精细用心，注重纪律和规则，比如：

见到老师要鞠躬，问老师好；

每天早上要求出操，还要绕操场跑步；

进教室要把书包放在规定的地方，码放整齐；

上课要求坐姿端正挺直，写字握笔规范；

课堂上提问先要举手，老师同意才能发言；

老师指导学生轮流值日，要求回家也要适当做家务……

妹妹有个闺密柔柔妈，总觉得国内教育不如美国自由轻松释放个性，一年前带柔柔去了加州准备在美国读书，今年在上学前班。

妹妹去美国出差，抽空去看柔柔妈，两人从柔柔聊到小布丁，也聊起小布丁的小学。

听到学校这些条条框框，柔柔妈妈皱起眉头："你千挑万选的，这家学校真的有这么好吗？听起来规矩这么多，管理这么严，不会压抑孩子个性吧？我真有点儿担心会把小布丁的想象力和创造力管没了。"

妹妹看了看柔柔，她下课没事干，大人在说话，她坐在沙发上拿着 iPad，已经打了一个多钟头游戏了……

妹妹回来，和我提起柔柔妈妈对学校的评价，她说："遵守纪律严格管教真的会压抑创造力吗？我看柔柔每天都在玩 iPad，倒是没人约束她，难道靠这样就可以培养创造力？"

违纪留堂的海淀六小强 vs"繁文缛节"的美国学校

在我们的传统印象中，美国的学校比中国轻松，作业少，老师对学生管理得很松，基本属于"放羊"式的，因此孩子的天性能得到解放，也比中国孩子更有创造力。

其实，这只是一个美丽的误会，不管是在因上——规矩少，还是在果上——更有创造力。

开学后的第二个月，花生一连三天都没有准时放学。他告诉我班上的纪律问题越来越严重，以至于第一天全班留堂，第二天、第三天，包括他在内的几个班委和班主任一起开会讨论解决方案。

其中最突出的问题是：上课随便讨论，闹成一片，打断老师讲课的进程。

他们的历史老师是年级组长，他抱怨说，“其他班级都已进入宋朝了，就你们耽误在唐朝，再这样下去，我们和别人的进度可不只差一两个朝代！”

听到这个可真让我吃惊，我问花生：“你们还是六小强呢，纪律居然这么差！”

花生说：“都差不多的，其他班也有纪律问题，只不过没那么严重。我小学同学不是还有上人大附中的吗，我问了他，课上也有很多人随便插嘴。”

看来，就像一些家长对美国学校有误解一样，我对海淀六小强也有误解。

后来我有机会见到学校一个领导，聊到纪律问题，她说：“初中课堂纪律不好是我们这里一个普遍现象，说起来孩子思维活跃、发言积极是好事，但是这个纪律不管也不行，不然影响正常教学。我在美国观摩过几所学校，那里纪律比我们好得多，老师也比我们敢管，像这样上课讲话影响别人的学生，早就被请出教室了……今后还是需要你们家长配合，严格规范课堂纪律。”

美国很多学校比中国更重视规则，这是真的。

我有几个朋友带着孩子在美国上学，虽然美国小学尊重孩子的发展规律，作业较少（私立学校也有作业），很早放学，但是在纪律和规矩这个层面上，是一点儿都不放松的，比中国学校还要严格。

比如说其中一所学校吧，孩子入学第一天，学校就发了一本学生手册，比我们的《小学生守则》厚多了，各项规定列得密密麻麻，而且针对每一条都有非常具体的描述。

第一就是尊师重道：

要称呼老师职位或尊称；

课上提问要先举手，当老师提问且没有指定某个学生回答时，知道答案的同学都应该举手；

在学校里，每个学生都要尊敬、倾听并遵守所有校园里的成年人，包括老师、校长及其他员工的要求。

对课堂出席有严格规定：

每天上学必须按时或稍提前到课堂；

缺课后必须补上，可以向老师请教，老师会乐意帮你；

如因紧急事情离开学校，事先要告诉老师并索取缺课的功课资料；

关于缺勤理由，只能是个人生病、家人亡故或宗教节日，其他原因不来上课都算违规。

学校对着装也有严格要求：

每周都有几天规定必须穿校服；即使不穿校服的日子，也不能乱穿衣服，要求服饰符合社会主流要求和自己的年龄：

衣服上不能有裂缝、破洞等；

要穿内衣，禁止穿露肩装、低胸装以及露出肚脐的上衣或短裤；

衬衫和开衫都要有袖子，短上衣的长度要刚好过腰部。

光有规矩还不够，严格执行才是最重要的。

美国中小学开学时，都会让学生把校规手册带回家，家长和孩子一起认真阅读学习，手册里专门留有一页纸，是学校、家长、学生的三方声明，需要做出郑重承诺并签署。

手册里还明确了违反校规的处罚办法。这样，无论谁做出了承诺，都要严格遵守，否则就要接受相应的处罚。

追求个性和遵守秩序矛盾吗?

培养个性，应该是给孩子成长提供一块宽松自由的土壤，让孩子的天性和潜能得到充分开发，成为独一无二的自己，这并不停留在表面形式上，更多的是深入智慧和精神层面。

孩子和家长一样，不仅生活在家庭中，同时也生活在集体和社会中，而集体和社会必然有其统一的道德准则和规章制度，这是一种约束，同时也是一种秩序和保护。

就像花生他们班维护课堂纪律，不纵容个别违反纪律者，就是在维持正常秩序、保护全体学生的听课权。这样孩子们才能有效率地进行学习和活动，同时也培养了他们尊重规则和团队合作的意识。

花生班上几个班委协商下来，除制定了班委人盯人的批评教育负责制，还在班级群里严申课堂纪律，并征得班主任和家长同意，再有违反者就开始扣品德分（会影响学生总成绩）。这以后，课堂秩序好多了，历史课也很快进展到赵匡胤“陈桥兵变”“杯酒释兵权”，还有李煜“故国不堪回首月明中”了。

开学一个月，小布丁有了明显的改变，做作业时坐得笔直，回家会主动和大人打招呼，吃完饭也会帮着家里收拾碗筷。

再说到“创造力”，如果一个人的学术基础不扎实，根本就不可能有什么“创造力”。

同“美国学校比中国学校规矩少更自由”一样，“美国学生的创造力比中国学生更强”也是个伪命题。

首先，“创造力”是很难量化的东西。

很多人觉得“考试”只能衡量“应试能力”，而不是真正的学术水平，那么“创造力”就更加缺乏衡量标准了，“美国学生的创造力更强”的观点又从何而来呢?

其次，创造力绝对不是灵机一动异想天开，必须建立在一定的学术基础上。如果不精通物理学，爱因斯坦无论多么天才也不可能创立“相对论”。

脱离了学术基础，“创造力”只能是无本之木、无源之水。

教导孩子尊重规则，关心集体，注重团队合作，这也是品德教育最重要的部分。

自由都是相对的，不存在绝对的、缺乏约束的自由，孩子的成长过程，也是在纪律中调整本能、在限制中寻求发展的过程，这何尝不是人类绝佳创造力的体现?

◇ 一点思考

在我们的传统印象中，美国的学校比中国轻松，作业少，老师对学生管理得很松，基本属于“放羊”式的，因此孩子的天性能得到解放，也比中国孩子更有创造力。

其实，这只是一个美丽的误会，不管是在因

上——规矩少，还是在果上——更有创造力。

教导孩子尊重规则，关心集体，注重团队合作，这是品德教育最重要的部分。

脱离了学术基础，“创造力”也只能是无本之木，无源之水。

孩子的成绩走势，好像我的心电图

学习曲线：人家孩子是 S 形，我家孩子是心电图形

电视剧《小欢喜》里，有这么一个情节：

陶虹演的英子妈是个典型的鸡血妈，作为物理辅导老师颇有点儿数据分析的雅好，经常用折线图来分析英子的成绩走势。

当英子班里转来一个外地学霸磊磊时，她也做了磊磊成绩的走势表，看到折线图，她发出惊叹：他不仅成绩好，而且出奇地稳。

英子是个学霸，连英子妈都要羡慕别人家孩子，说明一山更比一山高，只要人心不知足，追求成绩就永无止境。另一方面我们也可以看到，一个真正的学霸，不仅仅是成绩好，而且是成绩又好又极其稳定。

这一点我深有体会，只不过这种体会没那么岁月静好，而是像坐过山车一样刺激：人家孩子的学习曲线是 S 形的，花生的学习曲线是心电图形的。

好不容易进了六小强，我对他说，第一学期主要是适应和跟上节奏，能够处于年级中上水平就好，在稳定的基础上再争取慢慢进步。

花生的表现倒是超出我的期待，有时都不只在中上，还能到 A——前 20%，但过程却像坐过山车一样刺激。

花生单元测试数学考了 60 多分，很多会做的题，因为很低级的错误都做错了，我就忍不住委婉地批评了一下；过了两周期中考他却实现大逆袭，拿了全班第四男生第一，我刚夸奖他两句，紧接着新的单元测试又考了个 70 分……

我也不是这么重视短期的成绩，然而忽视成绩也不是一个海淀妈妈的自我修养。因为，孩子的成绩是一段时间学习努力度和效果的展示，从阶段成绩倒推孩子这段时间到底努不努力、效率高不高、效果怎么样，大约也能八九不离十。

在这种情况下，我只好努力再探索一下自己的潜能，看看能不能做一个人格分裂型家长——在理智和情感之间画出一道分割线，在理智上重视成绩，在情感上忽视成绩。

后来，我学聪明了，无论看到什么我都不敢高兴得太早，因为刚一高兴，马上就该不高兴了。当然好消息是，也不用不高兴太早，刚一不高兴，很快就能高兴了。

荣辱不惊，水波不兴，是家长这种生物在进化过程中，发展出来的自我保护机制。不然，在孩子的心电图形成绩面前，老母亲的心电图就该不正常了。

陪读妈妈进化成了风水大师

面对心电图形成绩的家长，并不是我一个人。

轩轩是杭州最牛三所民办中学之一的男生，在我的心目中，他的学霸指数已经很高了，但是轩轩妈妈还总是很担忧：好的时候全年级前 50，不好就掉到前 100，有一次还到了 150！

我说："你们学校这么牛，前 200 不是都能上重点吗？"

轩轩妈妈说："不！前50保证能上杭州前三所重点本部，前200，前六所（重点）分校都说不好！"

期中考后，我有一次到校门口接花生，碰到花生一个同学的妈妈，她对我说，"你家孩子这次考得真不错。"

我实事求是地谦虚了一下："别看他这次考得好，下次就又不好了，波动太大，一次好，一次差的。"

这位妈妈叹了口气："那也总有好的时候啊，我们嘉嘉，倒是一直很稳定地不好……"

是的，不用别人提醒我，我已经很知足了，孩子成绩就和股市一样，有波动才有可操作性。

边上另一位初三学生的家长，听到我们的对话说："如果有规律也是好事，我总想找到孩子的规律，看看什么时候状态差，什么时候状态好，到时候中考就可以安排到状态好的那次了。"

我说："如果中考刚好轮到状态不好那怎么办呢？"

"那简单，我们自己在外面报名给孩子多加一次考试就行了。"

我想，我们这些陪读的家长，在进化成教育专家前，倒是很有可能先变成"风水大师"。

孩子成绩为啥像过山车？

孩子成绩为什么会大起大落呢？其中有客观因素也有主观因素。

先说说客观因素。

第一，客观因素是性别。从周围的数据来看，和男孩比起来，女孩成绩会更稳定一些。

期中考后学校专门开了家长会，数学老师也特别提到性别差异：

中考不是考难题，而是看学生能不能把会的题做对。这点女生占优势，因为细心。男生的问题是，觉得会做了，就不动手了，但一做还是丢分，这太冤。

第二，学习到某个知识点一时没掌握好。

花生经常碰到章测成绩不好甚至很糟，我有时就会有点儿着急，理工男就提醒我："你先不要着急，章测就是一章的内容，这一章没掌握好就考不好，而且一章才有多少内容？老师没什么题好出，所以也会出得格外难一些。到了期中考或期末考，每一章内容只有几道题，基础题占比大，就不会有太大影响。"

初三时学校会给孩子留大块时间复习，所以初一、初二就有点儿赶进度，如果没做好预习，就要留给孩子一点儿时间理解消化。

第三，每个人都有自己的薄弱环节和擅长环节。

我的抽象思维不算特别好，形象思维还过得去。以前自己考数学，在几何上拿分都比代数多。所以如果这一次考的都是代数，可能成绩就不如几何好。

对于孩子来说，也总会有自己擅长和不擅长的环节，如果说某次考试中，正好考查的都是他的薄弱环节，那么就有可能考不好。

再说说主观因素。

一些家长，当然也不排除一些孩子，对结果过于看重，平时却不抓紧，那么这种心态对提高成绩是没有帮助的，反而会破坏学习热情和亲子关系。

看到花生的成绩像猴子一样蹿上蹿下，我有时难免也会有点儿紧张。每到情绪起伏之时，我就提醒自己不忘初心，对待成绩也要像我后来对待小升初那样，重视过程，看淡结果，也就是因上努力、果上随缘。

其实，从我和身边一些朋友走过的人生路来看，做事如果持有这样的态度，心态会稳，结果大概率也会越来越好。

以长期主义眼光看待孩子学习

北京中考改革，英语听力和口试占 40 分，书面考试占 60 分，主要是完形填空、阅读和写作。

花生班上的英语老师觉得同学们基本功还不扎实，就让我们买课外练习册多练完形填空和阅读理解。

我去书店挑了一本，看看还算容易，偏重基础，花生放学回来做了第一周的练习。

做完自查，错了 15% 左右，花生有点儿不太开心。

我劝他，这说明我这本书买得还挺合适的嘛，如果你全做对了，我不是白买了——太简单了呀!

考试分为两种，一种是考查考试，另一种是选拔考试。

平时的测验、期中考、期末考，都属于水平考查考试，如果孩子考得不太好，在拿到成绩后也不用太焦虑，更不要批评孩子。

在考查考试中，孩子考了 100 分，说明什么都没测试出来；孩子考了 59 分，说明我知道了孩子的不足之处，相反是好事情。

作为家长不要急于批评，需要冷静下来，分析分数背后孩子存在的知识或能力的不足，有针对性地进行纠错、巩固和辅导，才能有利于今后更重要的选拔考试。

分数只是一种结果，父母无法直接管理结果，必须从过程管起。

对于过程，在花生的家长会上，老师也说过：

中考，课堂讲的知识占 90 分，提高分 10 分，只要上课认真听讲，好好做作业，就能拿到 90 分。

即使看着会做的题，也要一个步骤一个步骤做完。

要把会的东西一步一步落实扎实了，别光脑子想明白了，要写明白。

对于结果，很多成熟一点儿的孩子，自己考得差已经很难过了。

这时，我们给予的应该是宽容、鼓励和支持，同时和孩子一起制订具体的提高计划。要允许孩子的偶尔失误和退步，毕竟孩子是人不是机器。

或许我们都应该往后退一步，以更长期主义的眼光看待孩子的学习和成绩。就像股市，不能光看分时图和日线图，还要看周线、月线和年线，只要整张图形还是走势上扬的，就可以忽略掉局部的波动。

孩子学习和成长，也不是仅仅为了中考和高考，而是贯穿一生的。就像巴菲特说的，人生就像滚雪球，我们要相信时间的复利，每天进步一点点，累积起来也是可观的成就。

◇ 一点思考

孩子成绩大起大落，客观因素主要有：

1. 性别；

2. 学习到某个知识点一时没掌握好；

3. 每个人都有自己的薄弱环节和擅长环节。

主观因素是：对结果过于看重，平时却不抓紧。

我们要做到的是：重视过程、看淡结果，也就是因上努力、果上随缘。

分数只是一种结果，父母无法直接管理结果，必须从过程管起，以更长期主义的眼光看待孩子的学习和成绩。

拉大孩子之间后天差距的关键：时间管理能力

必须服气人和人的先天差距

花生上了六小强后，我更深刻地发现，人和人是有先天差距的。

比如说，花生通过踢球结交的好友小武，是其他班上的，既是海淀区足球队主力，又是学校管乐团双簧管首席。每天放学，不是参加足球集训就是乐队排练，学习还不耽误，照样在班上名列前茅。

花生还有一个女同学，才 12 岁，已经出版了 7 本书，还送了我们一本。写的是童话，想象力丰富，文笔细腻。

我现在可以基本做到，不拿自己孩子和别人孩子比较，但是，不拿自己和别人比较，我还不能做到。

足球我不会踢，双簧管我不会吹，文章我总会写吧，书我也出过吧，但是看看人家孩子，这才叫著作等身啊！再说人家还没耽误学习，再看看我自己，我就知道为啥花生不会乐器，踢球最多班上称霸，写个作文还经常让老师叫重写……

我建议每个家长，看到别人家孩子，先别气急败坏地拿自己孩子和人家比，而是先拿自己和别人家孩子比比，你就会变得心平气和，没有任何脾气。

最让我迷惑的是：这两个小孩都是怎么利用时间的？

有个浙江金华的校长写过一篇文章——《孩子的时间是个常量》，说家长对孩子的时间要有敬畏心，不要报太多培训班，不要随便用课程和任务挤占他们的日程。这篇文章收到了剧烈的反响。

是的，我对花生这两个同学的时间特别有敬畏心，因为他们的时间根本不是什么常量，我们一天 24 小时，他们一天倒像有 48 小时。不然，同样是上学上辅导班写作业吃饭睡觉，他们是拿什么时间来练特长和写书的呢？

我怀疑，他俩一个是哈利·波特，一个是赫敏，都是潜伏在花生学校的魔法师，会玩关于时间的魔术。

于是，我就派花生去向他俩请教魔术的“咒语”。

和女孩打交道，花生怕人说闲话，所以他只问了小武。

小武说了 3 条：

1. 自己最喜欢踢球，反正就当成玩了。

2. 各种踢球地点或培训班要么离家近，要么是爸爸接送（我看到几次都是他爸爸在门口用电动车接送）。

3. 学习还得妈妈抓，妈妈管得严点儿好，自己管不住自己。

最容易上手的时间管理方法

小武太过谦逊，他同时做好几件事情，还比只做一两件事的孩子都做得好，说明了一点，人和人之间是有天赋上的差距的。

只是，我们不用因此就灰心丧气，如果掌握好的方法，我们可以用时间管理去弥补这些差距。

最容易上手的时间管理方法是什么?

根据多年的工作和生活经验，我总结出来，我们需要做减法，而不是做加法。

因为每个人做事的效率天生不一样，就像同样基础的孩子做作业也有快慢，学习艺术更是投入产出完全不成正比。虽然效率是可以提高的，但毕竟提升空间是有限的。

你不要老想着如何进一步提高效率，每天能有更多时间做事情，而是要跳出原来的思维方式，看看是不是你做的事情太多了，能不能减少那些对自己不重要的事情。

那么问题来了，怎么定义不重要的事?

对我们不重要的事，是那些既不能给我们带来价值又不能带来愉悦感的事，或者是看起来似乎能带来短期价值和愉悦感，却危害我们长期价值和愉悦感的事情。

判断任何事情对我们或孩子重不重要，都可以套进这个衡量体系去。

有些孩子觉得玩网络游戏很愉悦，也能在短期内提高他打游戏的水平，但如果放在长时间线来看，这种愉悦只是一种短期的刺激，而不能带来长期的满足；如果不是将来要从事电竞或游戏设计，对孩子的未来也是没有价值的。

上课外培训班重要吗?这也可以用有没有价值、有没有愉悦感来衡量。

花生有一个同学，一周上了 6 个辅导班，每天奔波，但是成绩仍不是很理想。反而造成他上课不专心，语文课在做数学课外作业，数学课在打瞌睡，因为反正有课外班嘛。而且他自己也不是很喜欢这种状态，觉得很疲劳。

那么这就是既没价值又不能带来愉悦感，培训班对这位同学来说，就是不重要的事情，完全可以砍掉一大半，先聚焦在校内——认真上课，把学校传授的知识掌握好。

我一个朋友的孩子，就属于另一种情况。她特别热爱学习，课内的东西她吃不饱，所以她会主动让妈妈给她报培训班，而且都是那种比较难的。效果的确很好，她也成了学霸，自己也很高兴。那么，课外培训班对她来说，既有价值又有愉悦感，是一件重要的事，完全可以继续下去。

那么，还有一部分家长会问，孩子上了培训班的确有进步，但他不喜欢，怎么办？

那就要两利相权取其重，两害相权取其轻。

比如说辅导班对孩子的确有帮助，孩子只是觉得辛苦，但是这种辛苦是可以克服的，那么还是需要坚持一下，因为进步本身也能带来愉悦感。

但是如果课外培训班多到影响孩子的休息，孩子产生了厌学情绪，那么即使有帮助也是要调整的，因为身心健康和学习热情是最宝贵的，也是孩子能够成功或幸福的前提。

养育孩子，家长一定要把健康和热情放在第一位，任何长期危害这两个前提的事情都可以放弃。

既然孩子时间有限，效率提升空间也有限，我们就需要时时刻刻提醒自己要让孩子少做事情，做好事情。在低水平上做很多事情，不如在高水平上做一件事情，这就是做减法的学问。

可不可以多做一点事情？

科学育儿，不是只做减法，还是有很多加法可以做的。

从每天24小时来看，时间是个常量，但是从孩子可利用的有效时间来看，时间却是不稳定的，是个极有弹性的变量。

孩子每天的睡觉时间、吃饭时间、上学时间是很难改变的，剩下的时间如何规划如何管理，就变得非常重要。孩子之间的后天差距，也主要在此。

可不可以多做一点儿事情呢？完全可以。

再回到小武给我们的答案，就很有参考意义，他说的就是做加法。

自己最喜欢踢球，反正就当成玩了。

在玩的同时，培养足球特长，做一件事相当于做两件事，既有价值又有愉悦感，这就是时间的魔术。

在杭州中小学生艺术节上，玉米接受了电视台采访，她说了这样一句话："乐团每天都要训练，乐团训练也提高了我们管理时间的能力，学习累了，吹黑管也是一种调剂、一种休息。"

至于花生，虽然没发展出什么拿得出手的特长，但是每天打篮球和健身对他来说就是最好的休息。做作业做累了，他还喜欢翻地图册，或者读几页课外历史书来换脑子。正因为喜欢地理、历史，并把这作为放松的手段，所以在期中海淀区地理统测里，他考了99分，全校第一。

值得注意的是：把玩当成培养兴趣或特长，要求家长不能太功利，不是家长觉得孩子该培养什么爱好，而是需要孩子发自内心热爱，就是碰到困难也会愿意去克服。

至于小武说的第2、3条，我们从中能学到什么？

1. 家长管理孩子是要有科学分工的，爸爸也要参与。

2. 在孩子比较小的时候，学校近、培训班近才是王道，这样就可以省下更多时间来学习和发展爱好。

3. 对于自律性比较差的孩子，特别是男孩，他们自己都意识到，学习是需要人管的，比家长放任自己或者完全让自己摸索要来得更有成效。

时间就像一个魔法师，到了一年年底，你偷懒什么事情都不做，也就这么过去了；你虽然付出了辛苦，但是做了不少长期来看既有价值又有愉悦感的事情，自然会有完全不同的感觉和收获。

每个人都有天赋上的差距，利用时间的效率也大大不同，我们要承认自己的局限，同时我们也要看到，后天还有很大的空间值得我们去努力，去缩短人和人之间的差距。

用心对待时间，时间也会用心对待你。

◇ 一点思考

每个人都有天赋上的差距，利用时间的效率也大大不同，我们要承认自己的局限，同时我们也要看到，后天还有很大的空间值得我们去努力，去缩短人和人之间的差距。

最容易上手的时间管理方法是做减法——看看是不是你做的事情太多了，能不能减少那些对自己不重要的事情？

对我们不重要的事，是那些既不能给我们带来价值又不能带来愉悦感的事，或者是看起来似乎能带来短期价值和愉悦感，却危害我们长期价值和愉悦感的事情。

科学育儿，不是只做减法，还是有很多加法可以做的。

业余时间的玩耍，也可以培养兴趣或特长，一举两得。

做海淀妈以后，我离铂金包越来越远

民间流行着这样一种传说，顺义妈妈是既要牛娃，又要铂金包的一群人。

就像纽约上东区的那些妈妈，住在俯视中央公园的公寓里，背着铂金包，挤破头为孩子申请昂贵的私立校，殚精竭虑打入上流社交圈……

这个描述来自一部美国作家的随笔，也是一个人类学家的田野调查笔记——《我是个妈妈，我需要铂金包》。

据说，只要把纽约花园大道公寓换成北京温榆河别墅，这活脱脱也是一幅顺义妈妈的画像。

都说海淀妈妈站在中国教育的高地，但是，和站在珠穆朗玛峰顶的顺义妈妈相比，海淀妈妈站的地方只能算珠峰大本营。

比起拥有全球视野，动不动就美高爬藤（在美国上高中以及申请常春藤盟校）的顺义妈妈，海淀妈妈的格局似乎过于封闭，只盯着区内的六小强和985大学。

比起拿着铂金包、穿着高跟鞋的顺义妈妈，海淀妈妈太不精致：白天上班打拼，晚上辅导孩子。出门随便拿件衣服套上，以黑色、藏青、灰色为主——因为耐脏，从不化妆，平底鞋是标配，这样才方便接送孩子上下补习班。

比起中英双语一起飙的顺义妈妈，海淀妈妈太土，虽然她们很多也是英语专八，雅思7.5，却从来不敢在家长群里说英语——会被人打的。

粗糙的海淀妈妈，被精致的顺义妈妈鄙视了……

顺义妈妈不接这个茬儿

我身边也有不少顺义妈妈，当我把这些传说讲给她们听，她们的回答是："什么？我们可没这么夸张。"

琳和她老公都是外企高管，中年得女，每天忙得要死，孩子基本交给每月8000元的双语幼儿园和月薪1万元的菲佣。

她有句口头禅："能用钱搞定的事情，绝对不花时间——不是我不想花时间，是因为我根本没时间。"

去年，她碰到了拿钱没法搞定的事——女儿幼升小。

琳想让女儿进北京排名前3的国际学校——其实，北京最好的国际学校只招收外籍，但是她忙到根本没时间搞移民。

她天真地以为，只要舍得花一年35万元的学费，再加上女儿聪明伶俐，英语流利，还不是分分钟能进。

万万没想到，家长面试通过了，女儿面试却没通过！

只好先在家门口上一年学，第二年再考，后来终于考上了，插班进去了。

宏观规划是要规划的，但是日常该放养还是要放养的。一个好学校，对忙碌的顺义高管妈妈很重要。

凯也是一个顺义妈妈，香港人，伦敦政治经济学院法学院高才生，原先是个律师。她老公是内地人，世界五百强法律总监。

凯有了孩子后就基本不工作了，只是朋友介绍的推不掉的案子接一下。状态基本接近那种典型的全职妈妈。

她虽然有铂金包和香奈儿，也让儿子从小学英语、钢琴、马术和击剑，但对儿子的学业规划没有那么紧张。

她说小时候母亲把自己逼得太紧，让她成为一个只知学习和工作，不懂生活情趣的人。所以，她不想让儿子也成为这样的“精英人士”。

凯把生活节奏放慢，自己学习中国书画、日本茶道、烹调意大利菜，也让孩子多接触艺术和自然，学会玩，学会欣赏，学会生活，学会快乐。

低调做人，认真育儿

第一个学期期末考结束那天，我去学校门口接花生。

因为下午还要去见一家媒体，我不像平时那么不修边幅。洗了头，羽绒服里穿了件白衬衫，套了双中跟靴子，还涂了点口红。

花生和一个同学一起出来，那个同学的妈妈也在门口。

她是家委会成员，很热心，我们在家长群里对过话，但是没见过面。她对我说的第一句话是：“没想到你活得那么精致，你看我，邋里邋遢，简直没法看。”

我有点儿脸红。

我们一边走，一边讨论期末考试。

那位妈妈说：“前天晚上给孩子复习语文，期末事情多，学校里加了好多天班（花生同学的家长很多是大学老师），困得不行。有一篇古文我感觉会考，本想带着他一起复习，但实在太困了，就叫他自己看，先睡了。”

我问：“后来考到了吗？”

“考到了呀。但是孩子只看了一遍文章和注释，觉得记住了也懂了，其实没有一个个字去抠，结果还是两处没做对。太可惜了，都是我不好，当时不应该自己先去睡觉的。”

看着她的一脸悔意，我深深怀疑自己是不是一个合格的海淀妈妈。

海淀妈妈和传说中的顺义妈妈完全不是一路人：顺义妈妈大多是精英，甚至是贵妇名媛；而海淀妈妈大多是书香之家，有上代就是大学生的海淀土著，有通过高考进京表现出色又留京的京一代，也有很多在大学或附属院校工作的老师或管理人员。

若论砸钱投资教育，精心运作绕开高考，这些方面海淀妈妈或许比不过顺义妈妈，但是，在学识、辅导孩子以及教育理念和方法上，海淀妈妈却不逊于任何豪门贵妇。

她们不用英语装门面，却能看懂整本的英语学术著作；

她们了解民办校和公立校的区别，调查过各个教育机构的差异，不认为贵的就一定是好的、合适的；

她们清楚孩子的优势和劣势，讲究心理学，有坚持也有妥协，懂得取舍，因材施教；

她们认为过多地打扮包装自己是浪费时间，更愿意把时间花在工作、看书和研究教育上。

在海淀妈妈，当然还有海淀爸爸的低调做人、认真教育的熏陶下，那些通过应试教育洗礼出来的孩子，也不是只会考试，素质高能力强的不在少数，也照样可以拥有国际的视野——去藤校和牛津剑桥的比顺义孩子还多，因为北京最牛的国际教育不在顺义，而在一些公立重点高中的国际班。

有人活的是面子，有人活的是里子

值得一提的是，《我是个妈妈，我需要铂金包》只是中文的书名，如果外版书名直译的话，作者薇妮斯蒂·马丁，这个耶鲁人类学家给这本书取的名字是《花园大道的灵长类动物》（*Primates of Park Avenue*）。

马丁博士写道："除了非洲塞伦盖蒂草原旱季时，口渴的动物抢水喝的水坑，世界上最危机四伏、你争我夺、血流成河、龙争虎斗的地方，就是曼哈顿私立贵族学校早上与下午的接送区。"

在进入上东区时，马丁千辛万苦搞定中介、搞定学区房，托了关系搞定学校。但是，她和孩子并没有融入上东区，她被无视甚至被鄙视，自己没有朋友，孩子也没有朋友。

即使穿得再大牌，住得再豪华，孩子再优秀，那些势利的"母蜂"——上东区的贵妇对来历不明的她仍然不理不睬。

不是买一个铂金包，就能进入上层，更不是拥有豪宅豪车，就可以变成贵族。

那怎么办呢？作为一个人类学家，她动用了原始动物的手段——通过搭讪认识了一只"公蜂"——一位著名基金大佬，同时也是儿子班上的家长，得到参加他们家聚会的邀请，从此总算可以和其他家长说上话了。

"许多人类以外的母灵长类动物在身处困境时，就是靠这招拯救自己：通过引起阶层中雄性的注意。"

随着深入社交圈，马丁发现了上东区妈妈光鲜外表下脆弱的一面：

经常喝酒消愁，服用抗抑郁药，担心丈夫出轨，小孩去哪里读书，怎么才能减掉体重，为什么又流产了，怎么才能怀上二胎……

做母亲的坚强和脆弱，做母亲的梦想和焦虑，真是哪里都没有两样。纽约的上东区妈妈和一半真实一半臆想的顺义妈妈，可能代表着一种最高标准——就是孩子要最优秀，自己也要最光鲜。

但是，不管是纽约上东、北京顺义、北京海淀还是上海浦东，如果放任自己的贪婪，哪里的妈妈活的都是一种原始生存状态，遵循的也是丛林法则——弱肉强食，适者生存，和塞伦盖蒂水坑边抢水喝的动物没太大区别——她们还是花园大道、温榆河、黄庄和陆家嘴的灵长类。

海淀的妈妈也许活得轻松些，她们把精力集中在提升自己和孩子上。

虽然这种提升看起来不够高大上，可能就是读古诗学古文、考托福雅思、做会所有数学题、大量阅读和写作，但在海淀妈妈心里，外表光鲜只是浮云，拥有真才实学才来得踏实。

至于对海淀妈妈的一些刻板印象，觉得海淀妈妈土、苦和鸡血，海淀妈妈只好笑笑，既然选择了低调和踏实，总要放弃其他一些东西。

毕竟，有人选择活的是面子，就有人选择活的是里子。不全是阶层的差别，更多的是理想不同、道路不合。

我是个海淀妈妈，我不需要铂金包。

◇ 一点思考

海淀妈妈把精力集中在提升自己和孩子上。

她们不用英语装门面，却能看懂整本的英语学术著作；

她们了解民办校和公立校的区别，调查过各个教育机构的差异，不认为贵的就一定是好的、合适的；

她们清楚孩子的优势和劣势，讲究心理学，有坚持也有妥协，懂得取舍，因材施教；

她们认为过多地打扮包装自己是浪费时间，更愿意把时间花在工作、看书和研究教育上。

第八章

上岸后回头望，什么才是起跑线?

一个人要成功幸福，的确需要背景、环境和运气的成分，但是唯有努力，才是自己可以把握和左右的。拥有更多教育和人生的选择权，我们和孩子才能真正做到淡定从容。

提早学，到底应该学什么

陪花生上岸后，作为过来人，很多事回头看，会比当时身在局中看得清楚。

回头看，对于我和花生来说，可能就是“马后炮”，但对于花生的弟弟妹妹、家有小学生甚至幼儿园孩子的妈妈来说，很有可能这就成了“车前灯”。

我想，这也是我写作的意义，一方面记录花生（捎带小布丁）的成长过程，梳理我的心路历程，另一方面也是总结科学养育的经验和教训，帮助各位妈妈看到拼图全景，少走弯路。

在很多教育专家诟病的“提早学”这个问题上，我们到底有没有认识的误区呢?

教授送孩子去辅导班

一说提早学，就要提到课外辅导班，因为大多数“提早学”都是在辅导班发生的。

我原以为学霸是可以不用上辅导班的，但现实给我了一击。即使是好学校，甚至像人大附小，中关村一、二、三小这样的，几乎每个孩子都上课外班，不同的只是，一周上两三个还是四五个。

我发现，到了初中，即使是六小强，绝大多数孩子也都上课外班。

我一个同学的孩子在六小强上学，孩子爸爸是北大物理系副教授，同学给孩子报了物理补习班。我问："为什么孩子爸爸自己不教。"同学说："孩子爸爸太忙，但最主要原因是自己的孩子最难教，经常教着教着就生气吵架，容易引起家庭不和。送到辅导班，老师的耐心和态度都比我们好太多。"

其实，课外班什么的，孩子们虽说平时也吐槽，但是真不让他们上，他们又不干。

牛校普通班的孩子上课外班，还在查漏补缺，短期目标是通过中考进入海淀重点高中；那些素质班或尖子班的学生，因为有直升本校高中部的名额保障，可以绕开中考，他们上的课外班大多数是竞赛班，目标直指清北和藤校。而通过竞赛取得清北的保送和降分录取，也是名校之路上学霸父母的策略。

不仅是黄庄，如果把目光转到浙江省的镇海，你也可以看到相似的目标和路径。当黄庄不少孩子还在被动地做作业和上课外班——我就看到过好几次，穿着校服的孩子一大早在校门口的超市里，赶头天的作业（我问他们，他们说头一晚有辅导班，作业没来得及做完就睡着了）——而在镇海中学，至少有一大半学生在主动找题刷并且自己筛选课外班。

镇海中学是全国的传奇学校，盛产高考状元，清北录取率居浙江省第一名。他们内部也分所谓的牛娃和普娃，那里管牛娃叫"大神"。大神不仅能很从容地应付每门功课——中学大纲要求对他们来说太简单，他们会去自修大学课程——在某些自己感兴趣的学科上，学术水平甚至超越了中学老师。

我有个朋友的孩子在镇海中学，孩子打小就对历史感兴趣，博览群书，每次历史考试都是满分。他的历史老师不服气，特地挑战了他三次，找了些偏门的东西想考住他。到了第三次，老师服气了——以自己的知识水平，已经奈何不了这个学生。

镇海中学校内就有很多课外补习班和提高班，但也有强有弱。那些大神会挑强的上，相对弱的，他们也会到校外去补，不过补的都是至少大学本科水平的东西。至于普娃，都喜欢追随大神，大神刷什么卷子，他们也会找来刷。

课外班，对于黄庄的学生来说只是标配。只不过，不同的学生有着不同的目标，别人家孩子的标配，有可能是自己家孩子难以企及的顶配。

科学养育：在合适的年龄做合适的事

我前面提到，需要童子功的艺术和体育要提早学，学习习惯和品格养成也要提早进行。除此之外，就是需要及早启蒙孩子的思维能力，语数英学科知识或许不用早学，但是这些学科背后的思维却要培养。

经过研究，我发现，在孩子的敏感期启蒙思维非常重要。

大家都听说过敏感期：主要是 7 岁前，孩子发展的几个关键期。孩子在某个年龄段会对做某件事特别感兴趣，甚至可以说得上是“走火入魔”。即使家长不让他做，他也会不断重复做，如果抓住这种时机去启蒙，相当于只要助推一下，就能产生惊人的效果。

但是敏感期有很多，看下面这张思维导图。我把和语数英学习相关的敏感期，框了出来：

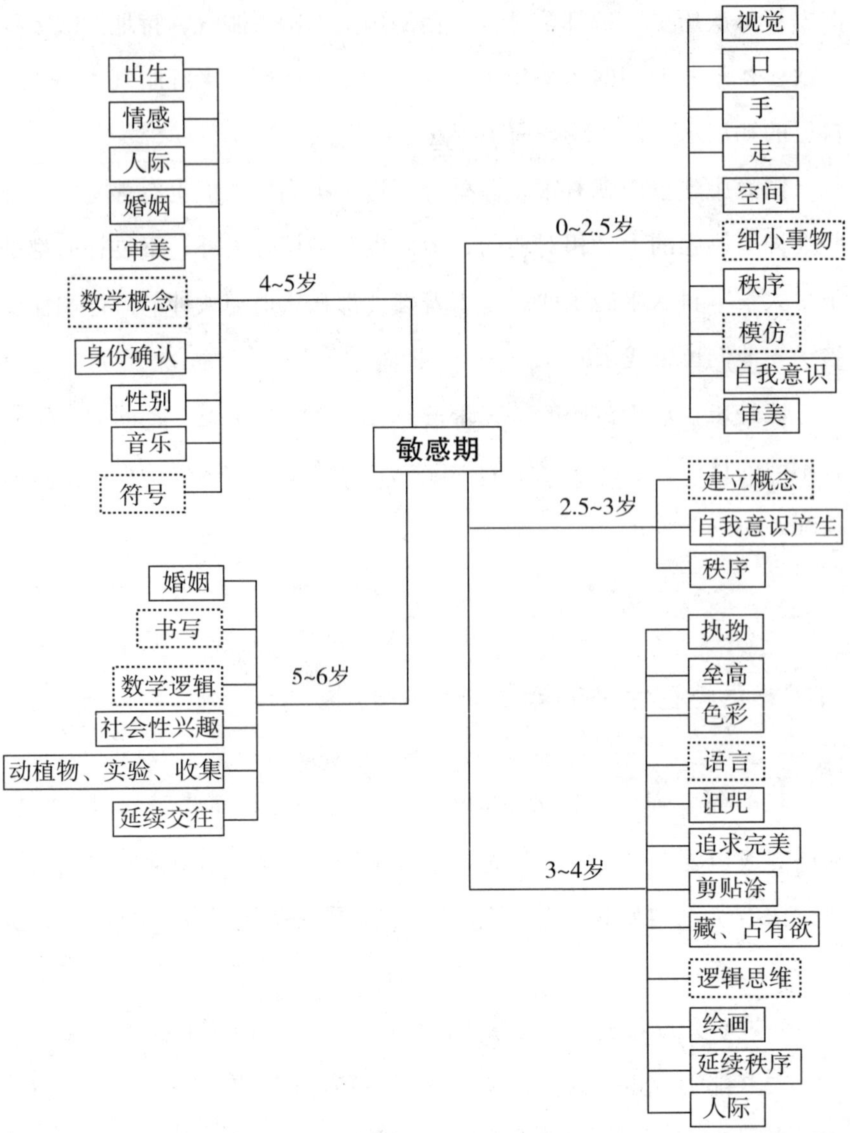

0~2.5 岁

细小事物敏感期：其实是观察力和注意力敏感期，和今后的语数英学习都有关。

模仿敏感期：这段时间孩子会特别喜欢模仿大人说话和发音，和启蒙语文和英语相关。

在国内孩子身边的人说的都是汉语，不用刻意学，在生活里就学到了。这会儿就可以多教孩子学英语，主要是听力和口语，多放英语录音，从童谣和儿歌听起，多听多说，就有机会发展出双母语。

2.5~3 岁

建立概念敏感期：其实就是把自己的认知感觉和语言文字挂上钩，这段时间小朋友可能会迷上某样东西。比如花生当时是迷汽车，有些小女孩会迷上洋娃娃。

这时的学习，就可以围绕孩子痴迷的东西展开，比如说汽车品牌、汽车功能、车牌的颜色、号码牌上的数字和英文等；也可以给洋娃娃取名、模拟过家家、洋娃娃一天日常活动的描述，这些都和学习中文密切相关，也可以带上英语和数学。

空间敏感期：可以让孩子搭积木、拼装玩具，培养形状、空间和几何概念。

3~4 岁

语言敏感期：这时孩子的语言能力会有一个大发展，所以英语学习在这会儿需要跟上，保持磨耳朵练口语的同时，引入绘本学习，比如牛津树、RAZ 这样的分级阅读材料。

中文学习，可以多听多朗诵一些古诗词和儿歌，你会发现在这个阶段孩子很容易就能背古诗。

逻辑思维敏感期：这时孩子对事情的因果发生兴趣，会问很多个为什么。对语文学习的帮助是：说话有了逻辑性，知道前后顺序，因果关系，可以给他们多讲一些绘本故事，比如花生小时候爱看的《青蛙弗洛格的成长故事》《小兔汤姆系列》《不一样的卡梅拉》等。

这时，孩子听故事时，就能理解：如果做了什么，就会发生什么，会导致什么样的后果，在学习语文的时候，也学习到了行为规范。

4~5 岁

数学概念和符号的敏感期：孩子到了 4 岁多时，总是喜欢问："这是几个？现在是几点？有几个人？"

这是因为孩子对数量、数字产生了浓厚的兴趣。但是这时的孩子还不能完全理解数学逻辑，所以你就要运用生活中的例子给孩子启蒙数学：

比如说家里的水果，香蕉有 3 个，苹果有 4 个，3 怎么写？ 4 怎么写？哪个多？哪个少？

这时就可以教孩子数数，从水果拓展到各种东西的数量——饼干有几块，蛋糕有几块。

数数能数清楚的孩子，妈妈就可以直观引入加减概念：

香蕉有 3 个，宝宝吃了 1 个还剩几个？全部吃完还剩几个？——引入 0 的概念。

香蕉有 3 个，外婆又买了一串香蕉，你数数有几个？ 5 个，那么加上原来 3 个是几个？让孩子数数，数清楚了加减法就都有概念了。

因为这段时间也是符号敏感期，所以对于数字的写法和加减号，孩子认识起来也会很快。

阅读敏感期：4~5 岁也是孩子的阅读敏感期，如果错过这个阶段，以后再培养孩子的阅读习惯和兴趣难度就会大许多。

这时可以汉语和英语一起来，以绘本为主，字不要太多。

等到绘本看出兴趣，就可以给他看桥梁书了，也就是那种介于图画书和纯文字书之间的书，比如花生小时候爱看的《神奇校车》系列。

这时，孩子对于认字的兴趣也是非常大的，很好教——其实这和符号敏感期是一样的，汉字也是一种符号嘛！

在 4 岁前，我给花生讲故事，他主要看图画听故事。到了 4 岁，他突然开始关心我念到哪一行、哪个字，还让我一个字一个字地指着念——也就是他自己要求我指读了，可见敏感期太厉害了！他总是像监工一样监视我，我想偷点儿懒都不行，有时候指错了他能知道，我也就没法偷懒耍滑了。

通过指读法，在上一年级前，花生就认识了 1800 个汉字，达到了二年级的词汇量。

5 岁开始，也可以教孩子学拼音了，这样，对于不认识的字他们也可以通过读音认出来了。

5~6 岁

书写敏感期：这时花生对写字的兴趣很大，但是我当时刚好工作比较忙，没有好好让他练字，导致他现在字还写得不怎么好，成了我心中永远的痛。

6 岁上学时，他能写的字已经很多了，差不多有 1000 个字。

数学逻辑敏感期：当孩子 5 岁开始，进入数学逻辑敏感期，如果利用好这段敏感期，可以激发孩子对数学的兴趣，打好一生的数学思维基础。

2~7 岁

想象力、创造力的敏感期：这是贯穿 2~7 岁的，所以这段时间都要多阅读、多开眼界、多和孩子对话，鼓励他们天马行空的想象力。

前面说了这么多，我最后用一张图来总结一下。这是我自己设计的，按年龄和区域标明了如何利用敏感期进行科学启蒙，把具体方法也写上了。

<table>
<tr><th>1岁</th><th>2岁</th><th>3岁</th><th>4岁</th><th>5岁</th><th>6岁</th><th>7岁</th></tr>
<tr><td colspan="2">观察力、专注力：
多带孩子观察新事物，培养专注力。</td><td>建立概念：
围绕孩子痴迷的事物，教他们字词句的概念和表达。</td><td colspan="2">数学概念和符号：
从生活中了解数量概念、数字写法、学习数数。
引入数字符号和生活中的加减法。</td><td colspan="2"></td></tr>
<tr><td colspan="2">口语敏感：
开始英语听力和口语训练、发展出双母语。</td><td colspan="2">语言敏感：
英语继续听说学习，引入分级绘本；
中文多听多朗诵古诗和儿歌。</td><td colspan="3">数字逻辑：
正式开始加减法学习，
可以开始学奥数了。</td></tr>
<tr><td colspan="2"></td><td colspan="2">逻辑思维：
给孩子讲绘本故事，让孩子学习因果关系，多回答孩子的为什么。</td><td colspan="3">书写：
学写字，练字。
目标：上学前会写500个字。</td></tr>
<tr><td></td><td colspan="2">空间敏感：
搭积木、拼装玩具，培养形状、空间和几何概念。</td><td colspan="2">阅读敏感：
引入桥梁书，从讲故事过渡到孩子自主阅读。
指读法学习认字，学拼音。
目标：上学前认识1500个字，学会拼音。</td><td colspan="2"></td></tr>
<tr><td></td><td colspan="6">想象力，创造力：
阅读、旅行、开眼界、多对话，多鼓励孩子的想象力，学习表达和协作。</td></tr>
</table>

0~7 岁语数英敏感期启蒙示意图

当然，敏感期也是有弹性的，有些孩子敏感期开始得早点儿，有的孩子开始得晚点儿，有些孩子对语言敏感些，有些孩子对数字敏感些。所以不用特别着急，还是要根据孩子的个性和具体情况调整的。

我们的孩子需要学得长久，而不是学得更早，但是思维启蒙和能力训练，却是我们可以提早做的，毕竟，在合适的时期做合适的事，才是科学养育。

◇ 一点思考

作为过来人，很多事回头看，会比当时身在局中看得清楚。

课外班，对于黄庄的学生来说只是标配。只不过，不同的学生有着不同的目标，别人家孩子的标配，有可能却是自己家孩子难以企及的顶配。

在孩子的敏感期启蒙思维非常重要：孩子在某个年龄段会对做某件事特别感兴趣，甚至可以说得上是“走火入魔”。抓住这种时机去启蒙，相当于只要助推一下，就能产生惊人的效果。

在合适的时期做合适的事，才是科学养育。

试着把 500 强管理理念移植到家庭教育

托尔斯泰说过：“幸福的家庭都是相似的，不幸的家庭各有各的不幸。”海淀妈妈说过：“轻松的妈妈是不存在的，心累的妈妈各有各的心累。”

当妈想轻松是不可能的，但是能不能减轻一点儿心累？

做妈妈的第一个心累，就是在佛系和鸡血中挣扎。

走过小升初，我发现，佛系和鸡血都不是最好的选择，科学养育才是合适的教育方法。而科学养育，其实不会给你一个固定答案，要先看孩子是什么样的情况，才有相应的教育方案，也就是我们常说的因材施教。

我在世界 500 强做过多年管理工作，发现一些管理理念也能移植到家庭教育中，而且还很好用。

如何因材施教，情境领导模型来帮你

和因材施教对应的，在管理学里，有一个理论叫作情境领导（situational leadership），是针对不同员工的不同管理模式，用于教育不同的孩子，也是相当合适。

传统人力资源理论认为，一个员工要么胜任工作要么不胜任工作，而情境领导模型扬弃了这种“非此即彼”“非黑即白”的思维方式，认为要从不同维度来分析员工，从而采用合适的管理方式来提高员工的绩效。

同样，你不能说一个孩子要么是学霸，要么是学渣。是学霸和学渣还取决于家长的领导水平和领导风格，而家长的领导风格是要有弹性的，要根据孩子的状况来变化。

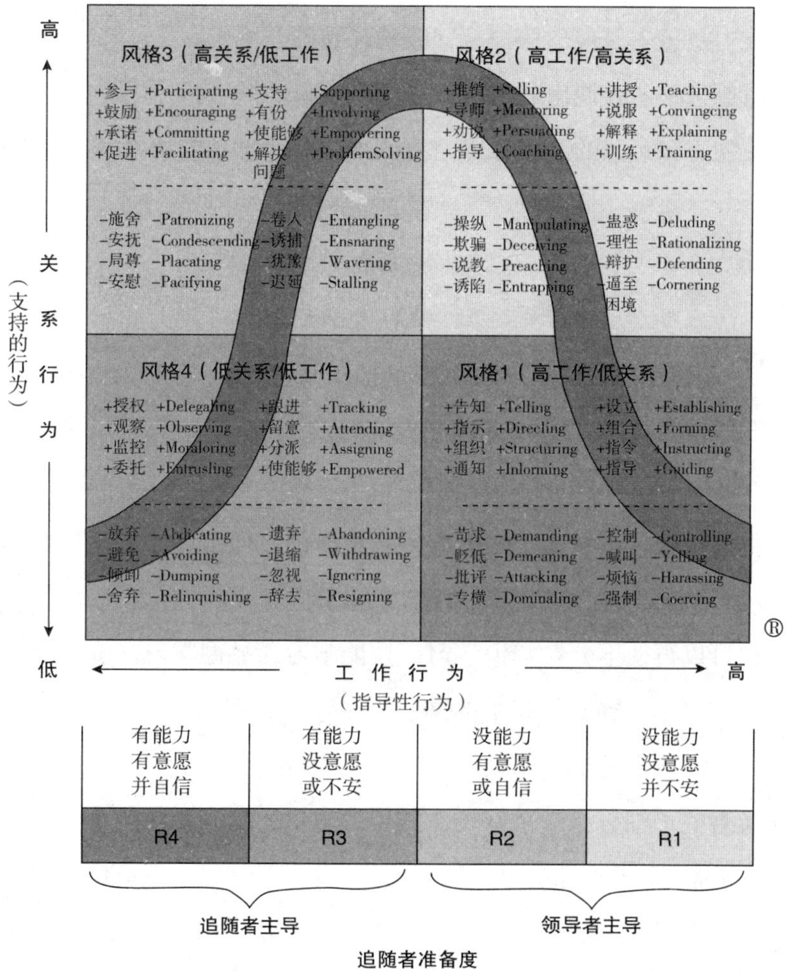

+ 当领导风格适当的相配追随者的准备度并且/或者领导者有效的使用领导风格。

– 当领导风格与追随者的准备度不相配并且/或者领导者不适当的使用领导风格。

情境领导四象限图

单方面执着于佛系或鸡血，或者快乐教育或虎妈教育，既不符合因材施教的教育理念，也违背了管理学原理。

（一）什么是准备度?

准备度是指被领导者在接受并执行一项具体任务时，所表现出的能力与意愿的水平。从父母最关心的角度来看，准备度是孩子在学习上的表现，体现在能力和意愿两方面。

能力是孩子表现出的知识、经验、技能与才干。

意愿是孩子表现出的信心、承诺和动机。

按能力和意愿的高低程度，有四种不同的准备度水平：

准备度水平 1（R1）：没能力，没意愿

准备度水平 2（R2）：没能力，有意愿

准备度水平 3（R3）：有能力，没意愿

准备度水平 4（R4）：有能力，有意愿

你可以把学习看成一个总任务，从而可以得出你的孩子处于哪个准备度水平。

也可以再往下分：知识学习，技能学习，品德学习。有可能小朋友在学校里是学霸，知识上的准备度是 4，但是在家里做家务、孝敬长辈方面准备度是 1。

接着往下细分：举个例子，知识学习里的不同学科，小朋友可能在语文上是 2，数学上是 3。

当孩子处于不同的准备度状态时，他对于父母的需求是不一样的，你需要采取不同的领导风格。

（二）有哪几种领导风格模型?

图上横轴代表家长的指导性行为，纵轴代表家长的支持性行为。

风格 1 告知型：指导性行为多，支持性行为少。即高工作，低关系。家长对于孩子给予明确的指导并近距离监督。

风格 2 推销型：指导性行为多，支持性行为多。高工作，高关系。家长对于孩子进行监督、指导、倾听、鼓励和允许试错，并鼓励对方参与决策。

风格 3 参与型：支持性行为多，指导性行为少。低工作，高关系。家长鼓励孩子自主决策，鼓励他按照自己的方式做事情。

风格 4 授权型：指导性行为少，支持性行为少。低工作，低关系。由孩子自己决策并执行。

（三）准备度水平和领导风格的对应关系是什么?

企业管理的实证研究表明，针对员工不同的准备度，主管作为领导者运用不同的领导风格来影响员工，有助于有效辅导员工、有效激励员工，从而提高员工和团队表现。

准备度水平 1：没能力没意愿对应告知式领导风格。虎妈教育会比较合适，你需要对孩子进行手把手的指导和监督，但是要避免苛求和贬低。

准备度水平 2：没能力有意愿对应推销式领导风格。你需要在形式上采用虎妈教育，态度上使用快乐教育。在近距离指导和监督的同时鼓励孩子参与决策，并允许试错。

准备度水平 3：有能力没意愿对应参与式领导风格。可以采用快乐教育，孩子需要的是鼓励和支持，而不是高压。

准备度水平 4：有能力有意愿对应授权式领导风格。恭喜你，你可以放养了！但是要避免完全不管和忽视，因为准备度是会波动的。

陪孩子写作业的正确姿态

做妈妈的另一个心累，就是陪孩子写作业。

其实，陪孩子写作业也可以采用前面的情境理论，根据孩子的准备度来决定陪不陪伴，采用什么陪伴风格。

如果落实到具体怎么陪孩子写作业，其实即使是准备度低的孩子，也不用全天候贴身陪伴，这样反而会降低效率，也不利于提高孩子的自主学习力。

关于如何陪孩子写作业，也可以借鉴世界500强的其他管理手段，结合实践经验，我总结出3个实用的方法。

以周末或假期陪孩子写作业为例：

（一）早起布置任务，晚上复盘检查

在公司里，领导是不可能一天到晚都盯着员工，事必躬亲的，要学会检查工作成果，而不是全过程监督。

每天早上把一天的学习任务布置给孩子，就是企业里的明确工作目标。

除了明确工作目标，还要量化关键结果，用大白话来说就是：你布置的所有学习任务，结果都是可以检查，也有标准可以衡量的。

举个例子：

背20个单词；

做完一张卷子；

看完一本英语绘本，记住主要人物和情节；

写一篇600字作文；

练熟一首钢琴曲子，中间不停顿也不出错……

也就是说，家长在布置学习任务的同时，也要说明验收标准。

如果孩子不太自觉，一开始家长可以全部验收，如果孩子自觉，家长就可以随机抽查。

如果孩子比较小，比如幼儿园或者小学低年级，头几天可以带一带，教他怎么自学，后面就可以放手，但是中间还是要设答疑时间。

如果孩子比较大，比如小学高年级，你可以让他学会自己制订学习计划，和大人一起讨论是否合适。学习过程你就不太用管了。

到了花生小升初后段，假期只有一早一晚我陪伴一下，白天我们基本各干各的。

（二）引入奖惩机制

除了检查结果，做得不好批评做得好表扬，这些口头的奖惩还不够，要建立一个更有仪式感的奖惩机制。

比如说，做一个表格，按每天完成情况评分，1~5 分，每周累计到 30 分以上可以换一个奖牌，累计 3 个奖牌就可以领奖品。

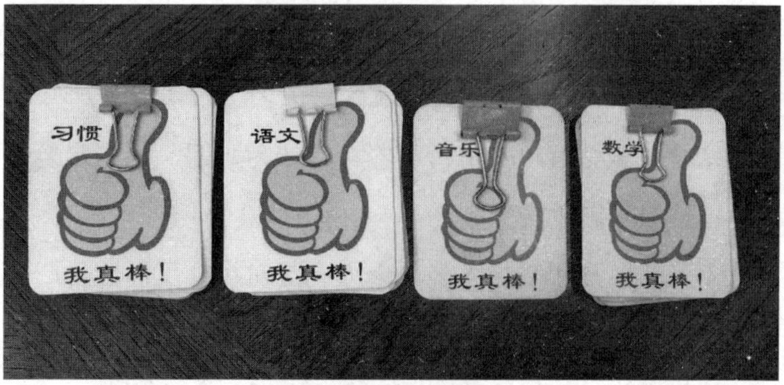

我家的小奖牌

如果出现一次不及格的情况，还可以倒扣分数，出现三次不及格就没收一个奖牌。每个人都是厌恶损失的，孩子也不例外。

有两个孩子的家庭，建立奖惩机制还能激发孩子的竞争意识，有了同伴压力，两个孩子会比一个孩子更好管理。

（三）让孩子参与规则制定和复盘

如果所有的规则都是家长单方面制定的，复盘也都由家长来主导，容易让孩子被外部评价左右，缺乏自主意识和学习积极性。

让孩子主动学习，需要激发孩子的参与感和内驱力。

在每天或每周复盘时，让孩子先说，对自己的表现做一个总结：有什么是自己做得好的，什么是做得不够好、可以进一步改善的。等孩子自己思考过了，家长再提出自己的建议。

奖惩机制也要让孩子参与一起制定，奖品的设置也是。

对自己制定的规矩，孩子会格外有积极性去遵守。

除了以上 3 个方法，针对孩子精力充沛的特性，建议早上先让他锻炼身体，发泄掉多余的精力，再开始学习会更容易专注。

认真学习，也要认真放松。每天孩子完成学习任务后，让他们自己决定怎么娱乐，也不妨允许他们打会儿游戏，这样第二天他们才会更积极高效地学习。

不要随意增加任务。不然，孩子就会觉得，自己做得再好再快也没用，反而会带来更多学习任务，就容易失去学习动力。

劳逸结合、张弛有道才是科学养育，作为妈妈，也一定要爱护自己，给自己适当留白放松身心。

过犹不及，陪孩子陪得太多，天天无缝对接，反而容易产生反作用。距离产生美，不妨主动减少一点儿陪伴时间，给彼此合理的空间和边界，这样无论是妈妈还是孩子，都会更加轻松愉快。

◇ 一点思考

你不能说一个孩子要么是学霸，要么是学渣。是学霸和学渣还取决于家长的领导水平领导风格，而家长的领导风格需要弹性，要根据孩子的状况来变化。

家长可以利用管理学中的情境领导方法，来因材施教：

准备度水平 1 ：没能力没意愿对应告知式领导风格。

准备度水平 2 ：没能力有意愿对应推销式领导风格。

准备度水平 3 ：有能力没意愿对应参与式领导风格。

准备度水平 4 ：有能力有意愿对应授权式领导风格。

具体到如何陪孩子写作业，可借鉴的大企业管理方法有：

1. 先布置任务，再复盘检查；

2. 引入奖惩机制；

3. 让孩子参与规则制定和复盘。

富养并非仅靠金钱，寒门如何再出“贵子”

家长拿什么作为孩子努力的诱饵？

和身边家长聊起来，教育孩子最让他们头痛的，不是学习本身的问题，而是孩子缺乏努力的动力。不只是努力学习，还有努力生活、努力工作。

也就是说，孩子既没有改善生活的欲望，也没有什么高远的理想。

有这样一个笑话：

> 一个孩子成绩很差，老师教育他：“你要好好学习才能改变命运。”那个孩子回答说：“我爸爸是大企业家，亿万富豪，我的命运这么好，干吗要改变？”

当然这是一个极端例子，孩子缺乏欲望很多是因为自己的物质需求和生活追求，差不多都已被家长满足了。

小布丁上小学前，住过的五星酒店比我都多；朋友的孩子，中学前已经玩遍五大洲。就是条件一般的家庭，孩子也穿着耐克或阿迪，玩着苹果手机或 iPad，手里捧着 80 元一筒的哈根达斯或 30 元一杯的喜茶。

在物质丰盈中成长的孩子，对金钱的确不怎么渴望，也不太有挣钱的驱动力。

我们这一代人赚钱的动力是什么?

作为在物质匮乏中长大的70后，我小时候连牛奶都喝不上，见过肉票、布票，用过粮票，长大后赚钱首先是为了满足吃穿用。而现在的孩子，还没意识到自己有什么需要，家长就已早早双手奉上。

经历过从计划分房到商品房改革，买房也是我们赚钱的一大动力。而现在的年轻人，有些连恋爱都没谈，家长早已为他们准备好了价值百万甚至千万的婚房。

我们这一代人，还有一个梦想，就是早点儿退休，环游世界。而现在一些中产家庭的孩子，上大学前就已跑遍欧美。到了大学毕业，也不着急工作，来个间隔年，先玩一圈再说。当环游世界变得唾手可得，就不能再称其为梦想了。

如果既不急需挣钱，世界也都看过了，家长还能拿什么当作孩子努力学习的诱饵?

“寒门”子弟更有改变命运的动力

在家庭收入和物质条件上，目前中国的城乡差距和家庭差距还是很大的，而正是那些“寒门”子弟，才有更强烈的欲望改变自己的现状。

早在我上大学时就是如此，来自小城镇甚至农村的同学，和北上广等一线城市的同学比起来，自我驱动力要大得多，在学习上也更能吃苦。

那些来自北京和上海的同学，不管学习好坏，最后都是留在原籍。而那些好不容易从小地方考出来的，绝大部分都不想再回到家乡，他们希望留在北京或上海这种大城市，赤手空拳扎下根基，这势必要付出更大的努力。

正是因为他们的危机意识和不断拼搏，虽然起点不如大城市的同学，却往往能取得更耀眼的成绩或成就。

这让人联想起俞敏洪，他出身农村，高中毕业以后有两个选择：一是当农民，面朝黄土背朝天一辈子；二是离开农村。他不甘心留在农村，而离开只能靠考大学，所以他就参加高考，考了三次才考上北大。正是因为有很强的欲望，他才能跳出农村，用自己的双手改变命运。

经常有人说：如今社会阶层固化，寒门难出贵子。其实从动机来说，一个人想改变，通常是由环境引起的，如果在一个舒适的环境中生活，就不容易求变。人生多少要有点儿欠缺，才会有渴望追求的东西。

从机会来看，比起欧美发达国家，中国还是有比较大的阶层流动空间，从高考制度就可以看出，只要努力只要出色，一个人还是可以获得很多上升机会的。

而努力，是需要动力的，而所谓的“寒门”子弟，他们的动力要比其他孩子强烈得多。穷则思变，变则通。人类的文明是从一望无际、一片荒芜的大草原上开始的，资源越是稀缺，越是会促使一个人寻求突破。

就像出身穷苦的香奈儿，她曾说过：“我的生活不曾取悦于我，所以我创造了自己的生活。”

“富养”也要看怎么养

在物质匮乏中成长的人，在不断挣钱满足自己衣食住行时，很容易迷失，把追逐金钱本身当成一种目的。

金钱只是一种手段或一种路径，让我们通向幸福的目的地，金钱本身并不是目的。

我们的孩子在国家富强、物质丰盈的时代背景下长大，没有太多匮乏感。根据马斯洛的需求层次金字塔理论，当底层的生理需要和安全需要被满足，孩子就会追求更上层的归属需要、尊重需要和自我实现需要。

所以，即使物质需要已被满足，孩子还是会有努力的动机。只是我们做家长的，不能再拿物质去激励他们了，需要把目标转向更高层次——自我成长、被人尊重、自我实现、造福众生、改变世界……

我有个开服装公司的朋友，前些年挣了一些钱，把公司关了，厂房也卖了，实现了他梦想的财务自由，40 岁和老婆一起退了休。

他和老婆在世界各地玩了一年，然后又在家里待了一年。

奇怪的是，最近他拿回厂房重拾旧业，开了一个天猫童装店，还在网上直播卖货，比退休前还要忙。

我问他："你不是退休了吗？怎么又出来了？"

他苦笑了一下："以前开公司觉得太辛苦，现在什么都不做，倒是不辛苦了，但无聊得想死。我现在想通了，一个人光玩不做事，就废掉了，做事才能让人充实。"

现在他虽然很忙，但是很有目标和追求，感觉精气神又回来了。

一般来说，比起富养，穷养更能激发孩子的斗志，我们做家长的，也要注意别提供给孩子过多物质享受，而是多锻炼孩子的吃苦能力和奋斗精神。

"富养"也要看怎么养。

不要用金钱和物质去宠溺，而是用爱和包容去滋养孩子，孩子才能身心健康地成长；不要再用学历、工作和金钱做目标，而是鼓励孩子尽情投入学习和工作，感受到其中的充实感、成就感和自我价值感，孩子也会活得更幸福。

拥有更多选择权，才能做到淡定从容

幸福还来自自我的把控感，一个人如果有内在的能力并能持续创造价值，那他就不会过于惧怕和担忧外界环境的改变，即使再度一无所有，也能凭借自己的实力重新获取。

不少人的焦虑在于：事情的结果主要不取决于自己，而是取决于别人，或者取决于老天。

把个人成就建立在能力提升和价值创造上，而不是前辈的财富和虚无缥缈的运气上，我们的焦虑就会大大减轻。

通过艰辛的小升初之旅，我也重新思考了一下：海淀最好的教育资源是什么?

是中关村一小、二小、三小?

上了好小学，也不能保证上个好中学。

是包括人大附中、清华附中在内的六小强?

上了好中学，也不能保证上个好大学。

还是清华、北大、人大、北航、北师大等一流大学?

上了好大学，也不敢保证孩子一生成功幸福。

海淀最好的教育资源，说到根本上，是家家户户特别是海淀妈妈对教育的重视和投入，也是海淀孩子在学习上不懈的努力和拼搏。

海淀从来不相信什么学区房，也不相信靠着父辈的资源就能吃一辈子，海淀只相信，优秀是一种习惯，我命由我不由天。

其实，教育里 80% 的焦虑，对孩子来说，是可以通过努力去解决的。家长要做的事，就是在自己保持终身学习的同时，通过科学养育，让孩子也努力学习。

人的一生，总会碰到很多困难，而且一直会有各种各样的局限，有大有小。但是，一个人之所以能够生存下来并且活出精气神，不就是逢山开路、遇水架桥，在局限中不断腾挪找到出路吗？

我们终其一生奋斗，就是为了给自己给孩子更多的选择，而不是龟缩在舒适圈里。真正阻碍我们进步的，也从来都不是物质上的贫穷，而是思想上的怠惰和行动上的设限。

一个人要成功幸福，的确需要运气的成分，但是唯有努力，才是自己可以把握和左右的。拥有更多教育和人生的选择权，我们和孩子才能真正做到淡定从容。

◇ 一点思考

经常有人说：如今社会阶层固化，寒门难出贵子。其实从动机来说，一个人想改变，通常是由环境引起的，如果在一个舒适的环境中生活，就不容易求变。人生多少要有点儿欠缺，才会有渴望追求的东西。

即使物质需要已被满足，孩子还是会有努力的动机。当底层的生理需要和安全需要被满足，孩子就会追求更上层的归属需要、尊重需要和自我实现需要。只是我们做家长的，不能再拿物质去激励他们了，需要把目标转向更高层次。

幸福还来自自我的把控感，我们终其一生奋

斗，就是为了给自己给孩子更多的选择，而不是龟缩在舒适圈里。真正阻碍我们进步的，也从来都不是物质上的贫穷，而是思想上的怠惰和行动上的设限。

一个人要成功幸福，的确需要背景、环境和运气的成分，但是唯有努力，才是自己可以把握和左右的。拥有更多教育和人生的选择权，我们和孩子才能真正做到淡定从容。

教育规划：既要以终为始，也要以始为终

在小升初和幼升小过程中，我和妹妹都见识到不少牛娃。

有意思的是，虽说孩子之间都有些先天差异，但是这些牛娃之所以牛，大多不是“天然牛”，而是“人工牛”，也就是说，他们的“牛”主要归功于父母的教育。

这中间有教育方法的科学，也有执行能力的强大，但是我们发现，这些牛娃家长还有一个重要的共同点，就是：早早定下一个教育目标，然后从目标倒推回来规划，具体落实到每个步骤。

一个厉害的家长，背后往往有比较牛的思维方式。我们要学习的是他的思维方式。

如果说方法和执行都是战术，那么教育规划就是战略。先有正确的战略，才能有高效的战术。

说到战略规划，乔布斯就是这样一个厉害的人，他有几个顶尖的思维方式，不仅适用于商业，也适用于教育孩子和自我成长上。

战略思维：做对的事，而不是把事做对

离开 11 年后，1996 年乔布斯重回苹果。此时苹果公司陷入困境，产品品类和型号繁多，品牌市场份额却从鼎盛期的 16% 跌到 4%。

乔布斯接手后，首先思考的问题是：什么才是苹果真正需要做的产品？

开产品战略大会，乔布斯在白板上画了一横一竖，形成两行两列一个四方格。在行上，他写上“台式机”和“便携机”，在列上，他写上“消费级”和“专业级”，这样组合起来就是四个产品。

乔布斯告诉大家，苹果现在要做的，就是四个产品。

全场震惊，多数人对此并不认同，竞争对手正不断推出更多产品，挤压苹果的市场空间，如此大幅削减项目，岂非自寻死路？

乔布斯没有动摇，他大刀阔斧地改革，凡是与这四个领域无关的业务，无论看起来多么诱人，有多少人反对，全部砍掉。

后来的故事我们都知道、乔布斯实行的“四格战略”，使苹果起死回生，开启了伟大的新时代。

战略是做对的事，而不是把事做对——那是制定战略以后的管理工作。战略是第一步，如果方向错了，把事情做得再完美也是南辕北辙。

教育孩子，家长需要运用战略思维，帮助孩子树立正确的人生目标，确定要做什么、不要做什么。

今天放在我们面前的信息和选择，比以往任何时代都要多，这反而让不少家长患上选择困难症。如果内心不够强大，不能保持独立思考，就容易受到他人影响，看到人家孩子做什么就让自己孩子做什么，却忘了每个孩子都是不一样的，孩子的时间和精力也是有限的。

比如说，有些家长不看孩子需不需要、适不适合，别人学钢琴自

己也要学钢琴，别人学编程自己也要学编程，别人补英语自己也要补英语，到头来，孩子却一样都不擅长，一样都不能坚持下来。

电视剧《小欢喜》里的方一凡妈妈，一开始就比较缺少战略思维。方一凡不适合读书，看一道题 10 遍都记不住，看一遍跳舞的视频却能学个大概，一开始她却还是坚持让孩子放弃艺考，随大流参加高考。

方一凡妈妈总是让方一凡好好读书，却没有认真想过到底要不要选择高考这条路，这就是只知道把事做好，没有思考自己做的是不是正确的事情。

战略思维的本质是取舍和聚焦，就像乔布斯说的："决定不做什么跟决定做什么同样重要。"

终点思维：从终点线倒推，而不是盯着起跑线

2005 年 6 月，乔布斯在斯坦福大学的毕业典礼上做了一次振聋发聩的演讲。

"在 17 岁的时候，我读过一句格言：'如果你把每一天都当成你生命里的最后一天，你将在某一天发现原来一切皆在掌握之中。'这句话从读到之日起，就对我产生了深远的影响。在过去的 33 年里，我每天早晨都对着镜子问自己：'如果今天是我生命中的末日，我还愿意做我今天本来应该做的事情吗？'当一连好多天答案都是否定的时候，我就知道做出改变的时候到了。"

在育儿上，做父母的往往总盯着起跑线，而不是终点线。

之所以会有"不要输在起跑线上"的焦虑，其实是把终点线设错了，很多家长把终点线当成是孩子考入好大学，最远也就是孩子找到好工作，这是把人生长跑错当成百米冲刺。

在电视剧《小欢喜》里，方一凡爸爸方圆说过一通“横着比”和“竖着比”的理论。虽然在升学、考试、应聘等很多人生阶段，都是需要横着比和别人竞争的，但当一个人站在终点回顾人生时，只能和自己竖着比：看自己是不是一直在进步？有没有发挥出潜力？有没有过上自己想要的生活？

在成长教育上，如果只注重横向比，而不是竖着比，那么孩子很容易失去自我定位和内驱力，而是盲目地攀比。这样的思维方式延续下来，到上大学了，到工作了，还是一个“空心人”，不知道自己想成为什么样的人，失去人生方向和前进动力。

乔布斯认为：“提醒自己即将入土是在面临人生重大抉择时最为重要的工具。因为所有的事情，包括外界的期望、所有的尊荣以及对尴尬和失败的惧怕，在面对死亡的时候，都将烟消云散，只留下真正重要的东西。”

终点思维之所以与众不同，关键在于它打破了我们平时观察和思考的单一维度，从而可以改变我们做人做事的习惯。

以终为始，也是史蒂芬·柯维在《高效能人士的七个习惯》中提到的一个非常重要的习惯。

人们做事会经过两次创造，先是在脑海里酝酿，接下来才是实质的创造。个人、家庭、团队和组织在做任何计划时，都应该先拟出愿景和目标，并据此塑造未来，全心专注在自己最重视的原则、价值观、关系及目标上。

价值思维：孩子的核心价值，才是真正的起跑线

刚才讲了战略思维，那么，战略是基于什么制定出来的呢？

Think Different（不同凡“想”），是1997年苹果发布的经典广告，影响力巨大，成为苹果重新出发的起点。

有意思的是，这支广告没有展示或提及任何苹果的产品，只是向爱因斯坦、马丁·路德·金、毕加索等一系列具有反叛和革新精神的天才和伟人致敬。

为什么会做这样一支突破常规的广告？从乔布斯在公司内部的一次演讲中可以得到答案。

在这次演讲中，乔布斯阐述了他如何看待品牌建设的意义，苹果品牌的核心价值是什么，以及创作Think Different广告的背景。

> 我们必须很清楚地传达，想要消费者记住我们的是什么，而最重要的关键，就是品牌的核心价值。
>
> 品牌卖的不是产品规格，不是你跟对手比有多好，而是核心价值，例如，耐克卖的是鞋，但从来不在广告中提到产品规格，而只推崇伟大的运动员。
>
> 要找出品牌的核心价值，先得知道你的品牌是谁，代表什么，占有什么位置。
>
> 这次营销的主题是Think Different，我们要赞美能Think Different的人，他们是推进这个世界前行的人，我们应该向他们致以崇高敬意。这是苹果做的事，它触及了苹果公司的灵魂。

中国中产阶级现在流行的精细育儿，在某种程度上也成了产品开发，孩子是产品，家长是产品经理。

暂且不论对错，就先按这个思路走，在竞争激烈的人才市场上，家长仅仅考虑如何使“产品”规格更高级、功能更强大是不够的，还要具备价值思维，做好产品定位和品牌建设。

我们已经从产品时代跨向品牌时代，对我们的孩子来说，意义比功能更为重要。

1. 确认核心价值，首先要明确价值观

选择学校，不仅要看排名，也要看价值观。是更注重成绩还是品格？是更鼓励竞争还是合作？

工作也是如此，不能光看收入，也要看和自己心灵的契合度，如果公司、工作与自己的价值观不符，每天都会觉得痛苦，也不可能把工作做好。

2. 立足于自己的优势和长处，打造核心价值

还是讲《小欢喜》里方一凡的例子，方一凡的长项是跳舞唱歌，而不是学习，与其和别人拼学习，不如和别人拼艺术才华。艺考这条路并不容易，但高考想考好学校也不容易，同样是不容易，为何不选择自己喜欢并擅长的呢？

以己之短，攻人之长，显然是错误的战略，也会毁了孩子的理想。

和别人盲目比较是没有尽头的，注定是失败的，就像那些只强调功能的产品，很快就被其他新产品取代。

与其关注他人，不如关注自己。与其把孩子开发成千人一面的“产品”，不如发现、定位并确立孩子的核心价值，建设个人品牌，这才是孩子真正的起跑线，也才有可能在人群中脱颖而出。

如何确立核心价值？可以画 3 个圈：孩子喜欢的、孩子擅长的、有社会价值的，里面填上各种内容和项目。这 3 个圈的交集，叫作甜蜜点，就是孩子的核心价值和竞争优势所在。

家长应该具备一点战略思维、终点思维和价值思维，根据孩子的特点和优势，和孩子一起确定战略目标，舍弃那些对目标不重要的事，聚焦在那些更能发挥孩子优势、塑造孩子价值的事情上。

◇ 一点思考

如果说方法和执行都是战术，那么教育规划就是战略。先有正确的战略，才能有高效的战术。可以借鉴乔布斯的 3 个顶尖思维方式：

1. 战略思维：做对的事，而不是把事做对；

2. 终点思维：从终点线倒推，而不是盯着起跑线；

3. 价值思维：孩子的核心价值，才是真正的起跑线。

确立核心价值可以画 3 个圈：孩子喜欢的、孩子擅长的、有社会价值的。这 3 个圈的交集，叫作甜蜜点，就是孩子的核心价值和竞争优势所在。

家长应该根据孩子的特点和优势，和孩子一起确定战略目标，舍弃那些对目标不重要的事，聚焦在那些更能发挥孩子优势、塑造孩子价值的事情上。

>>>

第九章

面向未来的教育：我们还需要补齐哪块拼图

· · ·

升学、高考、留学只是某个特定阶段孩子内在积累的外在展示，一个人生命中的真实积累不会因为这些事件顺利与否而发生改变。即使碰到一些暂时的困难，如果孩子持续努力，不断精进，那么最终还是会获得和自己实力相配的人生。

万一孩子喜欢的东西没“前途”怎么办

什么叫“有前途”，这个问题把我难住了

我有位朋友，女儿特别喜欢恐龙，从3岁开始搜集各种恐龙模型和恐龙书，还说长大想当个恐龙专家。那位朋友来问我：“恐龙专家，这以后能吃饱饭吗？有前途吗？”

我还有个亲戚，孩子高一，文理发展还算均衡，如今高考需要选考，亲戚觉得大学选择理工科专业会更好找工作，特别是计算机专业。但是和孩子讨论下来，孩子不喜欢，他很痴迷历史，想选考历史，上大学也想报考历史专业。亲戚就有点儿犯愁，和我商量：“学历史，有前途吗？”

说实在的，什么叫“有前途”，这个问题还真把我难住了。

如果放在大众眼光里，或者我年轻的时候，“有前途”还是挺好定义的。

作为一个普通人，上一个过得去的大学，也不用非得是常春藤或清北，毕业后有一份体面稳定的好工作，收入能养活自己养活家人，买套房子再买辆车，结个婚生个孩子，可能对自己对父母来说就算有前途了吧。

但是世界变了。

什么叫好工作？是当公务员一辈子安安稳稳有前途呢，还是去大国企、大外企做个白领有前途？是去互联网公司做程序员有前途呢，还是自己创业做个项目有前途？

多少收入才能养活自己养活家人？要看是住在一线城市还是三四线？如果在一线城市买不买房？有了孩子想上公立校还是民办校？是要留在国内高考还是出国念书？

结个婚生个孩子？不结婚不生子的人这么多，我们也不能说他们都没前途。

现在做父母真是很难的，因为我们站在这样一个时代的路口：一切固定的东西都在烟消云散，世界越来越多元化，未来越来越不确定，信息爆炸，孩子比我们更懂市面上的新玩意儿，而我们却还玩命地用自己信仰的老传统和旧观念来教育孩子。

一个偏文科学霸的自白

具体到定什么志愿、选什么专业在未来更有前途，对专业没有深入了解的人，选专业是件难事；对文理兼优的学生，选专业是件难事；对偏重文科的学生，选专业是件难事……

其实对大多数人来说，选专业都不是一件容易的事。

在我们那个年代，父母为我们选专业，都是看就业形势怎么样、收入高不高、稳不稳定。现在这个年代，其实大多数普通家庭，考量的指标也没有太多变化。

比如说现在人工智能 AI 就业形势不错、收入高，大家就都纷纷去学人工智能，却忽视了一个问题——AI 缺的是高端人才，而不是本科毕业生。

大多数人选择的路，可能并不好走，因为走的人多了，自然就很拥挤了。

而且，在科技迅速更新的时代，我们面对的未来很不确定，现在热门的专业，没准还没等到孩子毕业就消失了……

不确定要选什么志愿，不确定所选志愿有没有前途，这是每一个家庭每一个孩子面临的难题。

关于这个难题，去年初夏，和一位小学霸的聊天给了我很多启发。

“这个学校和哲学专业是你自己选的吗？”

那天刚好是夏至，上午雨很大，下午转成绵密的牛毛细雨，坐在饭店里，能看到窗外的西湖，一片荷叶中点缀着几朵嫣红的莲花。

我对面是一个眉清目秀的少年，他是我同学的儿子，和妈妈一起来杭州玩两天。

不久前，他收到了全美排名第一的文理学院威廉姆斯学院（Williams College）的录取通知书。

他和我说，这是他自己选的学校和专业，做金融的老爸本来还不赞成选择威廉姆斯，原因是——国内都没怎么听说过。

我接着问：“你不是在罗得岛艺术学院学了6周吗？为什么不选择罗得岛和你一直喜欢的美术专业呢？”

“罗得岛的确很好，也鼓励我们用自己的思想去创作。只是，画了6周的画，我感觉自己还是像个画匠。在大学本科阶段就选择艺术专业，还是太窄了，应该先广泛地学习一些人文基础学科，对世界和自身有一个了解，对艺术史和审美有一定的接触，还有培养批判型思维等。对这些没有深入了解前就学习艺术，感觉一个人很有可能只能成为一个画工，而不是艺术家。”

申请这所学校要求提交一篇关于哲学的论文，在论文中，他选了一个科学家、一个哲学家，在文章里争辩从不同角度看待存在主义。

“我也去了两趟威廉姆斯访校，试听了几节哲学课，我发现我还是很喜欢的。本来我就更喜欢文科多一点儿，感觉无论是自己的潜力，还是兴趣，都超过数学。”

“你考虑过别的专业吗？”

“有，原来我以为自己会喜欢建筑，但是我上了一些建筑课，发现我不是真的喜欢。感兴趣和真正喜欢，还是有区别的。所以我放弃了建筑。”

哲学其实和每个人相关

关于哲学，关于存在主义，对很多人来说或许有点儿遥远，但我听到过这样一个故事。

美国小说家大卫·福斯特·华莱士曾受邀在一个学校毕业典礼上演讲，一开头他讲了一个小故事：

“两条年轻的鱼遇到一条老鱼。老鱼打招呼道：早上好，孩子们。这水怎么样？两条年轻的鱼继续游了一会儿，终于，其中一条忍不住问另外一条：什么是‘水’？”

演讲中提到，一个成年人，每天的生活就是早起、赶赴办公室、应付 8~10 小时忙碌又有挑战的工作，然后去超市买菜、做饭、放松一会儿就得早早上床，因为，第二天又得周而复始，再来一遍。

但是，大多数人没有思考过：为什么要这样活？这样的生活可不可以改变？是自己的主动选择还是被动随大流？自己的人生有没有目标？如何找到意义？

我们都生活在“水”中，匆匆忙忙地从一个地方赶往另一个地方，也就像大多数人选择道路选择专业选择学校，都是随大流、随惯性，而当你问起他们，生活是什么？他们并不清楚。

生活在“水”中太长时间，已经不知道水是什么。

其实，哲学就是主要研究关于“水”的问题，和每个人都相关，甚至关乎每个人的立足之本。

人们都说中国人务实、亚裔妈妈务实，这种务实出自危机感，也是为了追求更好的生活，倾向于重理轻文，更愿意选择计算机、数据分析等课程；即使是文科，也会选择偏会计、管理、金融类，也就是毕了业就知道要做什么工作的那种专业，而不是考虑孩子真正的热爱或特长所在。

美国的教育也相当务实，或者说得难听点儿叫功利，名校生也不例外。在美国作家威廉·德雷谢维奇的《优秀的绵羊》一书里，他这样写道：

> 美国各个名校的大学生，从高中起就被逼着上各种选修课，参加各种课外活动，找老师写推荐信……他们几乎一模一样，拿各种奖项、参加各种社会活动、精通各种技能、考试成绩全A，但是他们看起来光鲜，却并不知道自己为什么要这样做。

博雅教育（通识教育）是和这种精英教育不同的，在博雅教育中，不像精英教育那样重视法律、金融等热门专业，而是更多地研究看起来比较虚的东西，比如文学、艺术、哲学。

有些家长会担心，如果孩子学了文学、艺术、哲学，出了学校能找到工作吗？

数据显示，与选择工科、商科的孩子比起来，这些孩子的职业成就并不差，在需要创意和合作的工作岗位上，表现甚至会更好。

选志愿，与其纠结有没有前途，不如想清楚什么是孩子真正想做的。

大学不应该仅仅是专业培训机构

那么，家长到底该不该指导孩子选志愿呢？

这件事还是因人而异。

如果孩子很有主见，那还是听孩子的比较好。

如果孩子偏科严重，那就需要选择他的长板，放弃比较优势，拼命去补短板，这肯定不是什么好主意。

如果孩子既不偏科又没主意，家长就需要引导一下。看看孩子具体在什么方面更有兴趣、更有比较优势，另外什么专业在未来更有前途。

当然最后一点很难判断，因为世界变化太快了，现在的好工作，过了 10 年 20 年没准就不存在了。

所以说，还是尊重孩子的兴趣和特长比较靠谱，而预测未来这件事，不管是谁心里其实都没数。

具体如何选择志愿，有个 MPS 定位原则：

> M=Meaning= 孩子愿意投入时间去做、不求回报的事情。同时这件事也是有社会价值的。
>
> P=Pleasure= 孩子做得很开心，在做的过程中常常忘记了困难，即使失败也不怕的事情。
>
> S=Strengths= 孩子擅长做，在成长过程中也经常被别人夸奖，或者超过别人的事情。

第一点 Meaning 是最难把握的，家长感觉没意义的事未必就代表没价值。

有个孩子沉迷打游戏，家长很苦恼，结果他因为游戏打得比别人好，被清华的计算机专业破格录取，因为这样的孩子具有未来黑客的潜力，可以帮助测试系统，也可以帮助游戏公司提升游戏设计。

并不是选择实用的专业以后就实用，大学也不完全是职业培训机构，它还有个重要的功能：帮助孩子认识自我和世界，树立价值观，发掘生命的激情。

如果孩子一开始不知道自己喜欢什么、擅长什么，上了大学再选择自己的志愿，甚至工作后突然觉醒再改志愿也不算太迟。

曾任耶鲁大学校长 20 年之久的理查德·莱文，是享誉全球的教育家，他说过一句颠覆传统认知的话：

“如果一个学生在耶鲁大学毕业时，居然拥有了某种很专业的知识和技能，这将是耶鲁教育最大的失败。”

他认为，专业的知识和技能，是学生们根据自己的意愿，在大学毕业后才需要去学习和掌握的东西，那不是耶鲁大学教育的任务。

他还说，“教育不教知识和技能，却能让人胜任任何学科和职业。”

《大学的理念》的作者约翰·亨利·纽曼也说：“只有教育，才能使一个人对自己的观点和判断有清醒和自觉的认识。是教育令他看清世界的本来面目，切中要害，解开思绪的乱麻，识破似是而非的诡辩，撇开无关的细节。”

真正的教育，是培养一个人拥有自由的精神、公民的责任、远大的志向、批判性的独立思考、时时刻刻的自我觉知、终身学习的基础以及获得幸福的能力。

◇ 一点思考

现在做父母真是很难的，因为我们站在这样一个时代的路口：一切固定的东西都在烟消云散，世界越来越多元化，未来越来越不确定，在这个信息爆炸时代，孩子比我们更懂市面上的新玩意，而我们却还玩命地用自己信仰的老传统和旧观念来教育孩子。

大多数人选择的路，可能并不好走，因为走的人多了，自然就很拥挤了。

选志愿与其纠结有没有前途，不如想清楚什么是自己真正想做的。

家长到底该不该指导孩子选志愿呢？

如果孩子很有主见，那还是听孩子的比较好；

如果孩子偏科严重，那就需要选择他的长板；

如果孩子既不偏科又没主意，家长就需要引导一下。

选择志愿的 MPS 定位原则：

M=Meaning= 孩子愿意投入时间去做、不求回报的事情。同时这件事也是有社会价值的。

P=Pleasure= 孩子做得很开心，在做的过程中常常忘记了困难，即使失败也不怕的事情。

S=Strengths= 孩子擅长做，在成长过程中也经常被别人夸奖或者超过别人的事情。

如何和谐管理孩子的电子产品

小布丁 2 岁时，就知道妈妈把 iPad 藏在哪里，密码是什么。

花生 5 岁时，有段时间爱玩《植物大战僵尸》，搞得我也有点儿上瘾。

我的同学，暑假不给孩子玩手机，所以孩子自己找了《宪法》和《民法》，寻找依据开始维权。

这件事告诉我们，在网络时代，当家长用各种培训班和课外活动开发孩子潜能时，孩子的自我意识和社交需求被提前唤醒，家长管理孩子的电子产品也越来越难了。

我家孩子虽然喜欢玩游戏，只要叫他们出去玩或是去运动，他们还是会很乐意放下手中的 iPad，选择出去。

不断有家长问我："孩子沉迷游戏，怎么办？"

我就问他们，和电子游戏相比，有没有更吸引他们的东西？如果有，就不算成瘾。

如果抱怨孩子不能拒绝游戏的诱惑，家长不妨问问自己，是否能抵御玩手机的诱惑？

这个时代就是让人分心的时代，诱惑比我们小时候多得多。学会抵御诱惑，并不是件容易的事情。

电子游戏本来就是设计成让人上瘾的，我身边比较负责的父母，尽管不会完全禁止孩子玩游戏，但是会约束孩子玩游戏的时间，并且从小就鼓励他们进行更有益的活动。

如果在孩子小时候没有建立起温和与坚定的约束机制，没有培养出看书运动的好习惯，没有训练出抵制诱惑的定力，到了孩子稍微大点儿特别是青春期，再想管就比较麻烦。

苦口婆心孩子嫌烦，摔手机摔电脑更加有害。写作业不是家长最该管的，电子游戏和手机才是。

那么，在网络时代，如何和谐管理孩子的电子设备呢?

全禁止可能吗?

智能手机、iPad 等电子产品有很多坏处，这里就不多说了。

反正，你要毁掉孩子的暑假，只要给他一个手机就行了。

开发出苹果手机和 iPad 的乔布斯，自己却深知电子产品对孩子的危害。在平板电脑刚刚上市时，有一个记者采访他："那么，你的孩子肯定很喜欢 iPad？"

乔布斯的回答是："他们还没用过……我们会限制孩子在家里使用电子产品。"

我身边家庭条件比较好的家庭，包括经济条件比较好的，或者全职妈妈有时间管孩子的，或者是高知家长，绝大多数会限制甚至禁止孩子在幼年时使用电子产品。

日本歌手陈美玲把 3 个儿子送进了斯坦福，其中一条教育心得就是：高中前禁止儿子玩电子产品，包括手机。

我有几个朋友，他们的孩子在美国、英国、中国香港等地的私立中学上学，一般来说好学校对手机的管理也很严格，老师不会完全禁止孩子拥有手机，因为要和家长联系。但是一到校孩子就需要把手机上交，放在“手机监狱”里，放学了才还给他们；如果是寄宿学校，那么晚饭后老师会给孩子手机，但是只给 20 分钟，用于和家长打电话交流一天的情况。

限制或禁止使用电子产品，如果是家长给孩子从小定下的规矩，而且能严格执行，一以贯之，正常的情况下孩子就会养成习惯，自然也能够接受。

美国著名心理学家、育儿专家苏珊·施蒂费尔曼在她的《陪伴式成长，和孩子一起成为更好的自己》一书里写道：“如果我们做出明确的规定，孩子是可以适应的，或许他们会挑战家长的底线，但只要关掉电源，他们也能找到其他好玩的事情去做，孩子自古以来就是如此。”

就怕家长不能制定明确的规矩，或者制定了规矩不能严格执行。

我有个亲戚，孩子生下来时因为工作繁忙，白天把孩子放在老人那里管，老人体力和精力不行，看到孩子玩 iPad 时很安静专注，就让孩子随便玩。等孩子要上小学，亲戚接回去严加管束，不让孩子玩 iPad，孩子就无法接受，大吵大闹要回姥姥家。

有个朋友只对孩子说少玩手机，但是没有明确规定到底怎么个玩法，每周或每天玩多长时间，于是经常出现这种情况：孩子玩上瘾他劝也不听，他就开始发火摔手机，每次摔完又觉得自己不对，又放松了对孩子的管束。这种冲突“大戏”成了他们生活中的常态，没有改善的趋势。

还有些家长，暑假时定下明确的规矩，每天孩子做完功课可以玩半小时手机，但是半小时很短，孩子正在兴头上，就和家长讨价还价或者吵吵闹闹，家长心一软或者嫌烦时就给孩子延长了时间。这样下来，孩子就吃定了父母，总是不停地试着去违反规矩。

所以，不仅要“立法”，还要严格“执法”，这不仅是对孩子的要求，也是对家长的要求，如果有协助抚育人比如老人，也要建立统一认识，进行统一管理。

制定电子屏幕管理规则参考：

2018 年，美国儿科学会公布了对婴儿及儿童观看电子屏幕时间的最新建议，其中提到：1 岁半以下的婴儿，除了视频聊天之外，避免使用任何电子设备；

18~24 个月的孩子，父母应该选择高质量的电子屏幕内容，并且与孩子一起观看，不超过半小时；

2 岁到 5 岁的儿童，每天最多只能看 1 小时的节目；

5 岁到 9 岁的儿童，每天观看电子屏幕的时间不多于 2 小时。

人贵有自知之明

等孩子稍微大点儿，就像我同学那个 14 周岁进行维权的孩子，再像对幼儿那样对他进行严格管理，由大人完全控制和监督，就变得不太可行。

这时可以适当放松，不仅是应对青春期的独立和叛逆，也是给孩子一个机会检测自己的自制力，衡量即时满足的手机和延迟满足的理想，到底哪个更重要，他们才会对“主动管理自己”这个问题开启自己的思考和行动。

人贵有自知之明，孩子也是一样，家长要有意识地让孩子去探索并了解自己的个性，培养意志力和自律性。

我没有完全禁止花生玩电子游戏，小时候有限制，现在则放手更多，在不断的自我探索中，他也发展出了一种自知之明。

上中学后，我们和花生商量给他买个智能手机，因为他的同学都有，有时做作业也需要，同时也方便和我们联系。

出乎我的意料，这个建议被他严词拒绝了，说只要给他一个老年手机就行，同时还列举了智能手机的几大罪状：

1. 字太小容易近视；
2. 更方便玩电子游戏；
3. 会让人沉迷于网络社交。

最主要的是，他觉得管不住自己。最后，在我们的劝说下，花生还是勉为其难地接受了智能手机。

其实，我们都心知肚明，他的电子游戏都放在 iPad 里。即便如此，值得肯定的是，有了手机后，他从来没在手机里下载过电子游戏，这是他管理自己的一种方式。

第一个学期末，他自己感觉期末考成绩没有达到预期，于是删除了 iPad 里的 5 个游戏（已精简过），只留下一个。

花生说："完全不玩我也很难做到，但玩一个游戏时间长了会腻的，就慢慢不玩了。"

他说到做到，到暑假末，他的 iPad 的确只有一个游戏，不过，换了一个，原来是《模拟城市》，现在是《实况足球》。

我用探讨的口吻和他商量："那么，这和有 5 个游戏有什么区别？玩腻一个换一个不就行了吗？"

他说："不是的，下载一个新游戏很麻烦的，我比较懒，不会总换的。"

第二学期的期中考试，花生自己觉得考得还是不太理想，就主动给 iPad 游戏设定了时间——到时间就不能玩了，还让我来设密码，用外界的限制来约束他自己。

教育孩子，你不必要求孩子做到完美、自制力惊人，但需要给孩子一定空间来探索自己的长处和短处。只有了解自己的薄弱环节，才能采取防范措施，建立防火墙，拥有更健康的生活方式。

还有最重要的一点：靠外来的管制约束自己，从长远来看是无效的。家长要帮助孩子树立起自己的目标或理想，这样孩子才有内在的动力去管理自己实现目标。

和谐管理电子产品背后的“道”

我们做家长的经常陷入一个误区，就是过分追求“术”——教育方法和管理技巧，而忽视了“道”——孩子愿意接受教育和服从管理的前提，其实是良好的亲子关系。

前面说的，小时候建立规则并严格执行，稍微大点儿放手让孩子管理自己，其实都是“术”。这种“术”能顺利进行下去的前提，是充满爱、理解和信任的亲子关系。

爱，我相信家长都有，但是要家长理解孩子、孩子信任家长，就不太容易做到。

从订立规矩说起，在制定电子产品管理规则时，密歇根大学的卡特里尔教授建议需要三步走：

1. 提出明确的规则；
2. 和孩子解释为什么要定规矩；
3. 给予孩子话语权，讨论电子屏幕的使用。

第 2 条和第 3 条其实就是增进父母和孩子的相互理解，获得彼此的支持和信任。

家长对孩子做什么固然重要，让孩子理解为什么这么做，并且参与规则的制定也很重要。

否则，父母单方面的强权，很容易被孩子敌视，将父母的规矩视作刻意的惩罚，内心也就抗拒执行，甚至会千方百计破坏规矩。

同时，这种做法也不利于培养孩子和他人的沟通和协作能力，毕竟父母是孩子最好的榜样，在制定规则的过程中父母如果能给予良好示范，孩子也会从中学习到：和其他人交往时，不能一味强制，也不能一味退缩，而是需要协商和合作，有商有量、有礼有节。

其次，家长不让孩子玩电子游戏，不要出于功利的目的，功利心会大大破坏亲子关系。

比如说，过于关心孩子的表现和成绩而非孩子本人。

有些家长管理电子产品的初衷，并非是真心觉得电子产品对孩子有害，而是觉得对孩子的学习和成绩有害。

那么，如果孩子成绩好，是不是就不用管了呢?

大家都只看到陈美玲不给孩子玩手机，把3个儿子都送进了斯坦福，却没有看到，她不是为了让儿子进斯坦福而不让他们玩手机和电子游戏，而是认为家长陪伴孩子玩现实的游戏是更好的教育方法。

这个标准是她始终坚持的，所以她不仅不让孩子玩手机，还不送孩子去辅导班，而是自己每天陪伴孩子，用讲故事、交流、分享和游戏让孩子的空闲时间充实而有趣。

正因为孩子觉得妈妈是在关心他们本人，而非他们的学习和成绩，有了妈妈的陪伴，有了这么多有益的互动，才会打心眼里信任妈妈并接受妈妈的安排，同时也不会觉得无聊和空虚。

《史蒂夫·乔布斯传》的作者艾萨克森曾在乔布斯家里待过不少时间。据他透露，每天晚上，乔布斯一家会特意在厨房里的长桌子上吃晚餐，同时讨论图书、新闻和历史，没有人会拿出 iPad 或使用电脑。

所以，家长的陪伴不能仅仅是形式上的陪伴，而是必须以身作则，放下手机全身心和孩子在一起。

因为我在写公众号，经常拿着手机点点弄弄，但是我会事先和孩子解释这是我工作的一部分。

孩子小时候，我会经常用一起进行体育运动和户外活动的方式陪伴孩子，所以他们才会觉得在外面玩是比玩手机更有趣的事情。

我还经常和孩子一起看书，看书时我会把手机放在远处，让自己更专注。

家长要约束孩子，首先需要约束好自己。

家长教育孩子最重要的，不是自己怎么说，而是自己怎么做。

◇ 一点思考

孩子愿意接受教育和服从管理的前提，根本在于良好的亲子关系。

在孩子小时候要建立起温和与坚定的约束机制，培养出看书运动的好习惯，训练抵制诱惑的定力。

限制或禁止使用电子产品，如果是家长给孩子从小定下的规矩，而且能严格执行、一以贯之，正常的情况下孩子就会养成习惯，自然也能够接受。

等孩子稍微大点儿，需要给他一定空间来探索自己的长处和短处。只有了解自己的薄弱环节，他们才会对“自律”这个问题开启思考和行动，采取防范措施，建立防火墙，拥有更健康的生活方式。

靠外来的管制约束自己，从长远来看是无效的。家长要帮助孩子树立起自己的目标或理想，在追求目标的过程中，孩子才会有内在动力去主动管理自己。

世界需要的是生机盎然的人

拒绝剑桥录取的女孩

两个同学的孩子，一个考上了清华，一个接到了剑桥的录取通知。

让人吃惊的是，被剑桥录取的女孩，却准备拒绝剑桥的offer，因为她不喜欢英国大学偏学术的氛围，更喜欢美国的教育理念，要看看是否可以申请到心仪的美国大学。

如今的学霸，可不是我们过去概念里戴着眼镜、死读书的孩子，他们往往文武双全、兴趣广泛、有思想、情商高。

上清华的那个男生，又高又帅，画得一手好画，英语和篮球都超棒，还有着深厚的古文学功底——从小学就开始看中华书局版的《史记》。在中学时对数学建模发生浓厚兴趣，做了好几个模型来解决学校和生活中的实际问题。

收到剑桥录取通知书的女孩，是个身材火暴大眼睛的美女，弹得一手好钢琴，长笛吹得出神入化。运动也擅长，特别会玩，网球、滑雪、帆板样样精通，在舞会中也是高手。同时学习四种语言，汉语、英语、法语、拉丁语都很出色。

这背后，有学校的作用，但更多的是自己和家长的坚持。

女孩3岁开始学钢琴，7岁学长笛，10多年的苦练，一开始是家长的引导和监督，后来就是自己喜欢，越精通越喜欢。不管在哪里上学，环境如何变化，忙碌与否，都没有放弃和松懈，而是一直坚持下来。在钢琴和长笛两种乐器上，她都拿下了英皇 8 级（综合难度与中央院演奏级差不多，比中国院 10 级还要高一些）。

发展兴趣、培养能力的素质教育很花时间精力，一点儿也不比学科学习轻松，工作量是仅仅进行应试的孩子的好几倍。同时，义工、社团、戏剧表演等社会活动也不能落下，需要一颗热忱的心灵，以及极强的时间管理技能。

或许会有人说，这两个都是“牛娃”，普通人学习不来。

其实，这两个孩子最触动我的，不是他们的成绩和特长，而是发自内心的快乐和充盈：他们有自己的主张，对学习非常自主，也在做着自己喜欢的事——也就是说，他们拥有澎湃的激情和内驱力。

这两点，我觉得才是培养孩子最重要的，只有极少数的人才能进入像清华和剑桥这样的名校，但是每个人都可以去发掘自己生命的激情和内驱力。这样，即使上不了名校，从事的也不是别人眼中光鲜的工作，但也大概率会拥有一个充实和幸福的人生。

为了将来的成就，能忽略今天的幸福吗？

如果我们总对孩子说，你现在读书都是为了明天的前途，他就会渐渐形成一个印象，读书是痛苦的，但是学习是为了明天的前途，所以要忍。

我们这些中年人，习惯了为目标而活着，今天做的一切就是为了将来到达一个目的地。学习就是为了上个好学校，上个好学校是为了有个好工作，有个好工作就是为了挣钱。好像人活一辈子就是为了一个将来的前途，现在幸不幸福，有没有意思，全然可以忽略。

的确为了将来更好人们需要现在吃点苦儿，但是人生就是分成一段段的，不好好过哪一段似乎都说不过去。如果一个人的一生，读书的十几年时间是要牺牲的，工作的二三十年是要牺牲的，有了孩子又要为孩子牺牲，那么你自己的人生究竟在哪里?

在这样的状态下，人活得没有自我、没有尊严，缺少生机，又怎么能谈到前途呢?

北大心理健康教育与咨询中心副主任徐凯文，做精神科医生时接待过很多患有空心病的学生。

他说，“空心病，其实就是不知道自己想要什么。而且不像抑郁症，很难治愈，因为这不是单纯个人的问题，而是整个社会的问题。”

而空心病的核心是狭窄和脆弱的价值观，人生的目的只是追求金钱和地位，学习和工作只不过是追求这一目的的手段。

而实际上，越是稀缺的才越能吸引孩子，现在的家长再用金钱和前途做诱饵，打动不了在物质丰盈中长大的孩子，人的内心还存在更广更深的追求——

纯粹的求知欲，探索的乐趣，帮助他人服务社会获得的力量感和成就感，对国家民族的热爱和身份认同感……但是在狭窄的价值观下，人的本性和良知是被忽视的，人们没有办法体会到发自内心的愉悦和自我肯定。

学习就和人生一样，总有喜欢和不喜欢的部分

同理，教育的本质是唤醒热情和生命力，如果孩子越学越没热情，反而越来越厌烦，这种教育就是不成功的。

如果和孩子讲前途没效果，那么首先就要鼓励孩子思考和发现自己的梦想。因为，“别人认为有前途”和“自己心里有梦想”是两回事，不是别人眼里有前途，而是自己心里有梦想，才能让孩子产生学习的动力。

我和花生讨论将来，会问他将来想干什么，倒推到现在需要培养什么能力、学习什么知识。

另外我觉得，与其和孩子讲未来的前途，不如讲今天的收获，学会在学习中发掘乐趣。这包括两方面：

一方面不要破坏和干涉孩子天生的求知欲，即使他探索的知识和你认为的前途不太吻合。

花生对地理历史有自发的热情，虽然我的偏见是男孩应该牢固掌握理工科知识才有硬实力，但是正因为“有前途”这件事如此不确定，我可不敢说学计算机就比学历史有前途，特别是当孩子学历史比学计算机更喜欢又更擅长时。

当然也不能放弃自己兴趣欠缺的学科，学习就和人生一样，总不可能样样喜欢样样称心如意，除了少数的精彩时光，大部分时间还会枯燥无聊甚至辛苦困难，这也是教孩子要扛起责任，学会适应枯燥培养坚韧，不逃避自己必须做的事。

那另一方面就是要在孩子不太感兴趣的学科上，给一些适当的引导。

我对花生说数学很重要，是很多学科的基础，你喜欢的地理也不例外。

如今语文课本里要求背诵的古文很多，也是孩子头疼的，需要在适宜的场景下尽量带孩子发现古文之美。

在西湖边散步时，我请教花生《答谢中书书》中的“山川之美，古来共谈。高峰入云，清流见底。两岸石壁，五色交辉。青林翠竹，四时俱备”，他会格外积极。国庆节抽空一起逛北京古典庭院，聊聊苏轼的《记承天寺夜游》，“何夜无月？何处无竹柏？但少闲人如吾两人者耳”，我们俩也都格外轻松愉悦。

最后还要注意劳逸结合，更广义地看待学习——好好生活本身也是一种学习。如果放假每天都要坐在家里学习，那么再美好的文字和意境，孩子也会讨厌的吧。

每个孩子都有不同的特质，父母不一定能在专业选择和兴趣爱好上影响孩子，但是父母如果自己能生机勃勃地活着，内心充盈，孩子一定会在学习态度和生活态度上受到更积极的影响。

这个世界需要的是有生命力的人

只知道有今天不知道有明天的人，今朝有酒今朝醉，在佛学里称为断见，不是一种可取的生活态度；只知道明天不知道今天的人，牺牲所有的当下就是要换回明天的成就，佛学里称之为常见，是另一种误区，同样不值得推崇。

我们需要在当下的快乐和远期的成就之间取一个中道，这才是身心平衡之道，对孩子的教育也是如此。

现在一些家长反对“快乐教育”，可能就是进入了“常见”这个误区，学习当然要付出很多辛苦，但是认定学习就是痛苦的，学习只是为了将来的快乐而不是今天的快乐，那一定是学不好的。

就是被人们诟病为“高考工厂”的衡水中学，学习也不全是为了升学，学习也并不意味着痛苦。

《南风窗》杂志报道了衡水中学一个叫孙熙杰的同学，他的目标是成为河北省状元，去年高考分数出来他是669分，全省排名40多位，肯定能被清华录取，但他还是有点儿沮丧。

衡水中学流行一个理论，叫“大考试观”，意思是人生就是一场考试，要学生们提起精神，终身学习，随时应对。

但是孙熙杰不同意，他说："说人生是一场考试，有些狭隘。你不要觉得我矫情，学习的本质就是学习，学习让人快乐。"

不要小看一个衡水中学学生的头脑，他的观点已经超越了很多北上广深家长的认知水平。

如果家长和孩子不把学习仅仅当成通往未来前途的铺路石，而是学会更多地发现学习当下的乐趣，抱着努力耕耘不问前程的态度，这样孩子的心态和干劲就会大不一样。

而所谓的有前途，虽然有很多变量，但是不变的是价值——对自己对别人都有价值，在实现自我的同时也被世界需要。

那如何被世界需要呢?

神学家霍华德·瑟曼说："不要问这个世界需要什么，而要问什么让你充满生命力，然后付诸行动。因为这个世界需要的是有生命力的人。"

不管孩子在普校还是牛校、在海淀还是朝阳、在北京还是上海、在国内还是国外，如果活得像个机器，存在的全部意义，就是按照设定的程序朝着目标一路狂奔，那么终究还是缺乏生命力的。

走过幼升小和小升初，我曾焦虑也曾迷惘过。从波涛汹涌的海面，登陆到坚实的大地上，"上岸"牛校不是成功，提升认知才是进步。通过不断的反思和实践，我越发坚定了这样一个信念：

教育是一个终身积累的过程，不是一时一地的得失。升学、高考、留学只是某个特定阶段孩子内在积累的外在展示，一个人生命中的真实积累不会因为这些事件顺利与否而发生改变。即使碰到一些暂时的困难，如果孩子持续努力，不断精进，那么最终还是会获得和自己实力相配的人生。

而最好的教育，就是让孩子生机勃勃地探索自我和世界，进行建设和创造，为他人带来价值和美好。

◇ 一点思考

只有极少数的人才能进入像清华和剑桥这样的名校，但是每个人都可以去发掘自己生命的激情和内驱力。

与其和孩子讲未来的前途，不如讲今天的收获，学会在学习中发掘乐趣；

同时要在孩子不太感兴趣的学科上，给予适当的引导；

还要注意劳逸结合，更广义地看待学习——好好生活本身也是一种学习。

“有前途”虽然有很多变量，但是不变的是价值——对自己对别人都有价值，在实现自我的同时也被世界需要。

教育是一个终身积累的过程，不是一时一地的得失。

升学、高考、留学只是某个特定阶段孩子内在积累的外在展示，一个人生命中的真实积累不会因为这些事件顺利与否而发生改变。即使碰到一些暂时的困难，如果孩子持续努力，不断精进，那么最终还是会获得和自己实力相配的人生。

后记

这几年大家对孩子教育越来越重视，家长对孩子的期望值也越来越高，所以所谓的“鸡娃”（给娃打鸡血，让他不断学习）才会越来越流行。

期望值过高肯定不好，会带来不必要的焦虑。然而社会上对“鸡娃”的一些非议，有时并没太关注孩子的科学养育和身心健康，而是着眼于家长自身的学历和能力。

比如这两句话就很常见：

“鸡娃先自鸡。”

“自己飞不起来，就在窝里下个蛋，要下一代使劲飞！”

好像家长但凡学历一般，希望孩子上个好点的大学，就是太鸡血了……

其实家长飞不起来，很可能不是家长自己不想飞、或者懒得飞，而是受到各种条件制约。

讲讲发生在我家的两个真实故事。

第一个故事是关于我爸爸的。

我爸爸生在农村，爷爷奶奶都是农民，然而家里还是鼓励他考出农村。

我爸因为成绩好上了金华二中（现浙师大附中），县城里没房子，每天 5 点起床从家里赶往县城，晚上接着回来，每天往返二十多里山路。

到了高三，爷爷奶奶合计大学学费怎么凑有点犯难，我爸爸当时年轻想法简单，不懂得教育的重要性，就对班主任说："我不参加高考，中学毕业就种田好了。"

班主任听了急了，特地跑到家里家访，说："这么好的苗子不考大学太可惜了，如果学费有困难我们想想法子。"

爷爷奶奶也想让爸爸上学呀，班主任就指了条路："可以上军校，不要学费，还会发津贴，只是津贴不多，其他生活费还得你们自己想办法。"

我爸后来考上了中国人民解放军国际关系学院（南京国关），正是因为受过高等教育，才会遇上我妈并结了婚。后来有了很好的工作机会，一家人得以跑到杭州发展。

如果当年，我爷爷奶奶听了别人说的："不要让娃上大学了，自己飞不起来，还要下一代使劲飞干吗！"我爸爸的人生就改变了。

第二个故事是关于我表弟的。

我在上海的舅舅，人很聪明，但是高中遇上文革，学校停课，也没大学可以上，后来去了小菜场卖菜。舅妈是工厂女工，也没上过大学。

但是他们对孩子，也就是我表弟，总是说要好好读书，上个好学校。表弟考得不好，也是要挨骂的。

虽然舅舅舅妈对辅导功课不在行，但我表弟喜欢看书就给他买书，喜欢电脑就早早地在家置了一台电脑供他拆装研究。我表弟本科读了计算机专业，后来还考上上海交大的研究生，去了惠普从事 IT 工作。

如果当时，舅舅舅妈听了别人说的："小孩嘛学习差不多就行了，自己都没上大学，小孩上名校就别想太多了。”那我表弟的命运就改变了。

家长对孩子有期待是非常正常的，特别是那些因为种种原因自己没有受过高等教育的，更会体会到切肤之痛，当然希望孩子获得更好的教育。

倒是像我这样的家长，自己当年读北大，现在倒不指望孩子上清北——太难了！

如果，只有清北的家长才有梦想孩子上清北的资格，这个社会就太可悲了……

再说，还有我在书里提过的“均值回归”这个统计学理论——

父母学历低的，孩子大概率会比父母学历高；而父母学历很高的，反而孩子可能比不上自己。也就是说，孩子的学业表现有往人群均值靠拢的趋势。

按照这个规律，越是自己飞不起来的家长，越该希望孩子飞起来才对；倒是那些飞得很高的家长，倒是要适当放低对孩子的期待值……

即使家长自己不会游泳和踢球，也可以让孩子学会并擅长游泳和踢球；即使家长自认为英语和数学很“渣”，也能培养出英语学霸和数学牛娃。

这其中，家长自身的水平不是限制。关键是要科学养育，在家里营造和增强亲子关系和学习氛围。

孩子小时候不会介意家长的学术水平，更在乎的是家长的参与和陪伴，这样才能增加他们对学习的好感和投入。

当然，不是每个妈妈都有这样的条件。很多职场妈妈在外奋斗，给家里添砖加瓦。她们对工作的努力，对生活的付出，也是一种“自鸡”，也能成为孩子的榜样。

“鸡娃先自鸡”，其实很多人都理解错了。不是说家长本身很厉害才有资格“鸡娃”，而是家长要重视教育，并让孩子明白努力学习的重要性。

同时，家长自己也要努力奋斗，不仅仅是为下一代争取优质教育的机会，即使条件所限是为了自己或为了生活，这也是一种“自鸡”。

我经常对花生说：“因上努力，果上随缘。尽力了，就不会后悔。”我相信，一个人看准一件事，如果抱有只问耕耘不问收获的态度，大概率会把事情做好。即使因为种种原因结果不尽如人意，至少可以不留遗憾。教育和学习也是如此。

对很多看上去“飞不起来”却要“娃飞起来”的父母，我们也要体谅他们，只要期望值并非不切实际，对孩子来说也是一种很好的激励。

科学研究也表明，父母对孩子期望值过低或过高孩子的表现都不太理想，而父母期望值比较适中或合理的时候，孩子才能表现得最好。

而且，这些父母中的很多人，他们不是主观上不想飞，也不是真的飞不起来，而是在人生的各种局限中，努力地以自己的方式飞着。姿态或许不算很好看，然而可能已经拼尽全力。

就像菲茨杰拉德在《了不起的盖茨比》开篇写的：每当你觉得想要批评什么人的时候，请记住，这个世界上并非每个人都具备你拥有的条件。

用教育改变命运，一代更比一代强，这是做父母的最合情合理的梦想。